乡村直播电商
一本通

潘青仙　主编

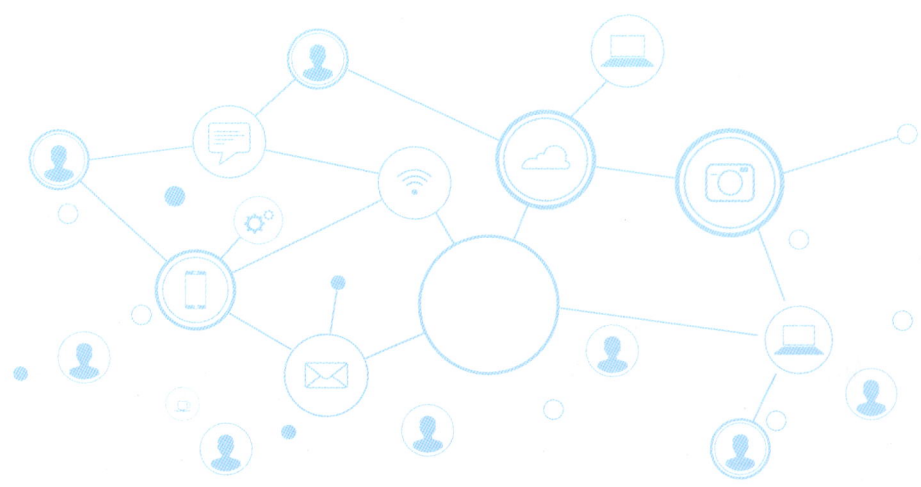

浙江科学技术出版社

版权所有　侵权必究

图书在版编目（CIP）数据

乡村直播电商一本通/潘青仙主编.—杭州：浙江科学技术出版社，2022.8
　　ISBN 978-7-5739-0228-3

　　Ⅰ.①乡…　Ⅱ.①潘…　Ⅲ.①网络营销　Ⅳ.①F713.365.2

中国版本图书馆CIP数据核字（2022）第147528号

书　　名	乡村直播电商一本通
主　　编	潘青仙
出版发行	浙江科学技术出版社 杭州市体育场路347号　邮政编码：310006 编辑部电话：0571-85152719 销售部电话：0571-85176040 网　址：www.zkpress.com E-mail：zkpress@zkpress.com
排　　版	杭州万方图书有限公司
印　　刷	浙江海虹彩色印务有限公司
开　　本	710mm×1000mm　1/16　印　张　7.5
字　　数	107千字
版　　次	2022年8月第1版　印　次　2022年8月第1次印刷
书　　号	ISBN 978-7-5739-0228-3　定　价　46.00元

责任编辑　詹　喜　　　文字编辑　周乔俐
责任校对　陈宇珊　　　责任美编　金　晖
责任印务　吕　琰

《乡村直播电商一本通》编写人员

主　　编　潘青仙

副 主 编　杨少英　陈勇海　徐　健

编　　者（按姓氏笔画排序）

　　　　　王　昆　王建军　厉　婷　吕　方　庄叶军

　　　　　杨少英　吴凤颖　吴素鹏　张少源　张燕平

　　　　　陈勇海　骆华涛　徐　健　黄　健　潘青仙

审　　稿　毛小娟

前 言

在随时随地皆可播的时代，乡村直播电商成为农产品销售的重要途径和"助农"的高速路，对农产品衍生品的发掘、农产品供应链模式的重塑、地域品牌的打造和农民收入的提升发挥着重要的作用。"放下锄头，拿起手机"已经成为不少农民致富的新选择。

近年来，随着浙江省不断推进打造全国乡村直播先行区和标杆地，各地通过建设乡村直播教学实训基地，创建各类标准直播间，举办乡村直播培训班，培育了一批批优秀的农民主播，直播带货效应持续放大，越来越多的农业主体开通抖音账号进行带货。然而，不容忽视的是，大多数的学员在直播和短视频领域都是零基础起步，在对培训成效进行后期跟踪访问时，相当一部分学员反映"当场学会了，转眼就忘了"，只记得导师教过如何一步步进行操作，却忘记了具体操作方法，这使得学员们学习效果欠佳，难以学以致用。为了提高培训成效，真正把直播助农落到实处，《乡村直播电商一本通》应运而生。

考虑到受众群体学习目的明确，编写组在编写本书时精简理论，注重实操。本书以抖音平台为例，对各模块内容进行了精细化的拆解、分割，化繁为简，以保姆式的教程一步步指引农民完成软件下载、账号注册、实名认证、开设店铺、开通直播等操作，既可以作为乡村直播培训的教材，也可以作为广大农民朋友开通直播的自学材料。本书从培养操作技能，掌握实用技术的角度出发，对提高从业人员基本素质，掌握乡村电商直播核心知识与技能有直接的帮助和指导作用，助力正在从事农活的农民们，用好手机这一新"农具"，用好数据这一新"农资"，干好直播这一新"农活"，做到直播带货不求人，自产自卖走上致富路。

由于编者水平有限，书中难免存在不足之处，敬请广大读者批评指正。

编写组

2022年3月

目 录

第一章　乡村直播营销平台的选择与使用　　　/ 1
　　一、主流平台及特点　　　/ 2
　　二、直播账号的注册　　　/ 3
　　实践与操作　　　/ 16

第二章　开设抖音店铺　　　/ 17
　　一、抖音小店简介　　　/ 18
　　二、入驻流程概览　　　/ 18
　　三、小店开设步骤　　　/ 21
　　四、商品创建售卖　　　/ 30
　　实践与操作　　　/ 41

第三章　短视频拍摄与剪辑　　　/ 43
　　一、拍摄第一个视频　　　/ 44
　　二、剪辑第一个视频　　　/ 49
　　实践与操作　　　/ 56

第四章　乡村直播前筹备　　　/ 57
　　一、农特产品选品　　　/ 58
　　二、直播场景设置　　　/ 64

三、直播设备选择　　　　　　　　　　/ 66
　　实践与操作　　　　　　　　　　　　/ 68

第五章　乡村直播活动的实施与执行　　/ 69
　　一、主播基本素质与能力要求　　　　/ 70
　　二、直播逻辑与基本框架　　　　　　/ 71
　　实践与操作　　　　　　　　　　　　/ 81

第六章　乡村直播的客服技巧　　　　　/ 87
　　一、抖音移动端客服后台的使用说明　/ 88
　　二、乡村直播客服技巧与话术　　　　/ 93
　　实践与操作　　　　　　　　　　　　/ 97

第七章　乡村直播的复盘与提升　　　　/ 99
　　一、直播复盘的核心思路　　　　　　/ 100
　　二、直播单场数据的复盘　　　　　　/ 101
　　三、抖音电商罗盘数据的复盘　　　　/ 104
　　实践与操作　　　　　　　　　　　　/ 112

参考文献　　　　　　　　　　　　　　/ 113

第一章

乡村直播营销平台的选择与使用

一、主流平台及特点

2020年，一场突如其来的新冠肺炎疫情催生了宅经济、无接触经济等新兴业态，直播电商迅速走红。目前，中国直播电商已进入"万亿时代"，是随时随地皆可播的时代。

手机成为新"农具"，直播成为新"农活"，乡村主播们通过直播、短视频等方式，向外界展示乡村之美，分享乡野生活，用直播和短视频帮助乡村销售农产品，带动乡亲们一起脱贫致富。乡村直播电商已成为农产品销售的重要途径，是"助农"的高速路，对农产品衍生品的发掘、农产品供应链模式的重塑、地域品牌的打造和农民收入的提升发挥着重要的作用。时下主流平台对比详见表1-1。

表1-1 主流平台对比

平台	平台属性	资源	商品来源	商品属性	带货模式
淘宝直播	根植于淘宝，具备极强的电商属性	电商运营经验、千万商家资源	淘宝、天猫	淘宝系内全品类	产品+搜索流量+直播
抖音	中心化机制，平台偏内容运营，以"内容"带货	流量、内容	自有店铺抖音小店、鲁班电商	全品类	短视频+产品+直播
快手	中心化机制，平台偏内容运营，以"内容"带货	流量、内容	自有店铺快手小店，以及淘宝、天猫、京东等第三方平台	以百元内低价商品为主	私域流量+直播+低价产品

从平台属性来看，抖音以"内容"带货，适合乡村主播以田间地头为布景，以绿色生态为卖点，推销农产品，售卖山里货。素人主播是抖音平台的主力，参与简单，上手容易。农民以本色出镜的直播，对真实生活的描述，对农

产品种植过程的还原，透着返璞归真的生活气息，能够撬动网友的新鲜感和消费欲。

从带货模式上看，抖音以"短视频＋产品＋直播"的方式实现带货，适合乡村主播创作接地气的具有优质内容的短视频，实现"种草"，再通过在田间地头这样具有乡土气息的场所进行直播，让消费者看到农产品的生长环境，更容易建立消费者信任，从而实现高流量下的高触达和转换力。

因此，本书以抖音平台为例进行讲解。

二、直播账号的注册

安装软件

初次下载直播软件，建议在有无线网络（Wi-Fi）的环境下进行，以免因使用流量过多而产生不必要的费用。本书分别以安卓（Android）系统和苹果（iOS）系统为例，介绍"抖音"软件的下载和安装过程。

1. 在安卓（Android）系统安装软件

步骤1： 进入"应用市场"，在页面顶部搜索栏输入"抖音"，弹出结果"抖音"，点击"安装"；或者在页面相应分类中找到"抖音"App，进入详情页，点击"安装"。

步骤2： 在弹出的对话框中选择"允许"，即可开始下载。

步骤3： 通过"进度条"观测下载进度，当跳转为"安装中"后，即开始自动安装，直到在桌面上看到"抖音"图标，则安装完成。

2. 在苹果（iOS）系统安装软件（图1-1至图1-4）

步骤1： 点击进入"App Store"，在底部选单找到"搜索"，点击进入。

图1-1　App Store图标和底部选单

步骤2：在搜索栏输入"抖音"，点击"获取"，跳出安装页面，通过侧边按钮确认安装，此时可能需要输入苹果商店的密码，如果之前已经设置免输入，则会自动安装。

图1-2　抖音App安装流程图

步骤3：安装完成后，点击"打开"进入抖音App，或者点击桌面上出现的图标进入。

图1-3　抖音App安装完成页面　　　　图1-4　抖音App图标

权限设置

抖音和其他软件一样，在运行过程中需要获取各种权限，例如拍摄视频要获取相机和麦克风的权限。因此，在开始使用之前，先把权限设置完成，有助于后续运行顺畅。

第一章 乡村直播营销平台的选择与使用

1. 安卓（Android）系统的权限设置（图1-5）

图1-5 安卓系统权限设置流程图

2. 苹果（iOS）系统的权限设置

iOS系统的权限在抖音用到相关功能的时候才会响应，并要求设置，选

5

择"不允许"或"允许",例如打开抖音后会有关于"发送通知"的权限设置提示,拍摄视频时会有关于"麦克风"和"相机"的权限设置提示等(图1-6)。

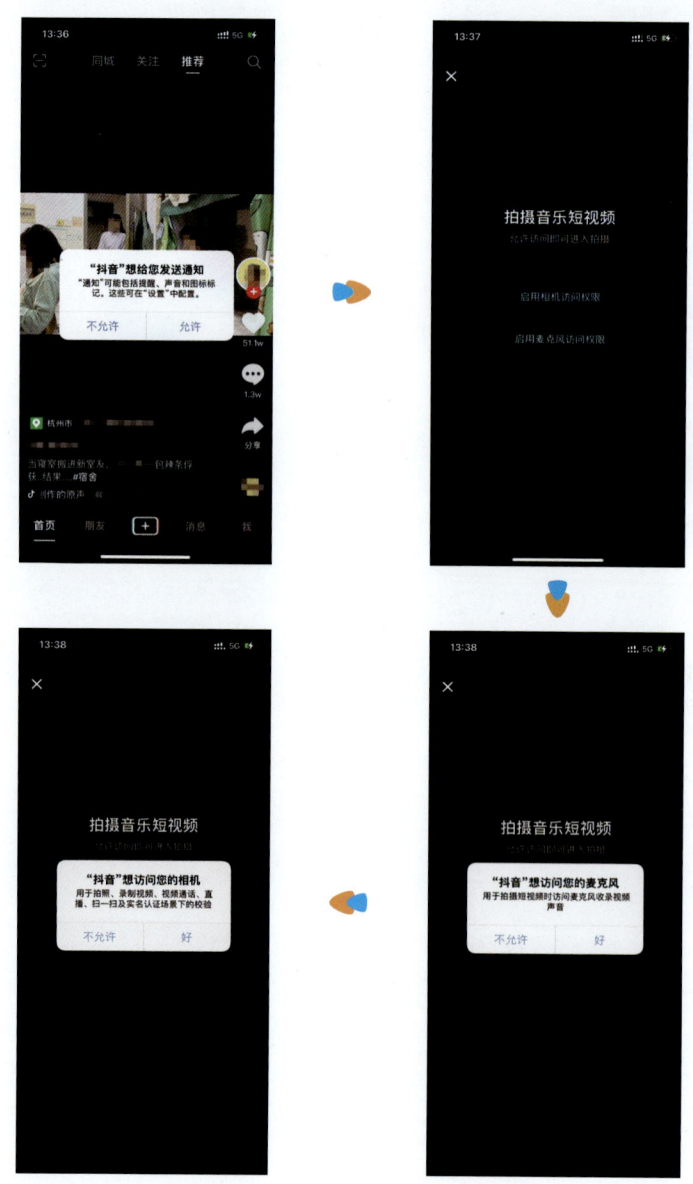

图1-6 苹果系统权限设置流程图

设置权限的方法如下(图1-7,图1-8):

方法1：在"设置"页面找到"隐私"栏，点击跳转到"隐私"设置页面，可以找到如"定位服务""通讯录""麦克风""相机"等要素。以"麦克风"为例，点击进入后，点击右边的按钮，可以切换开和关。

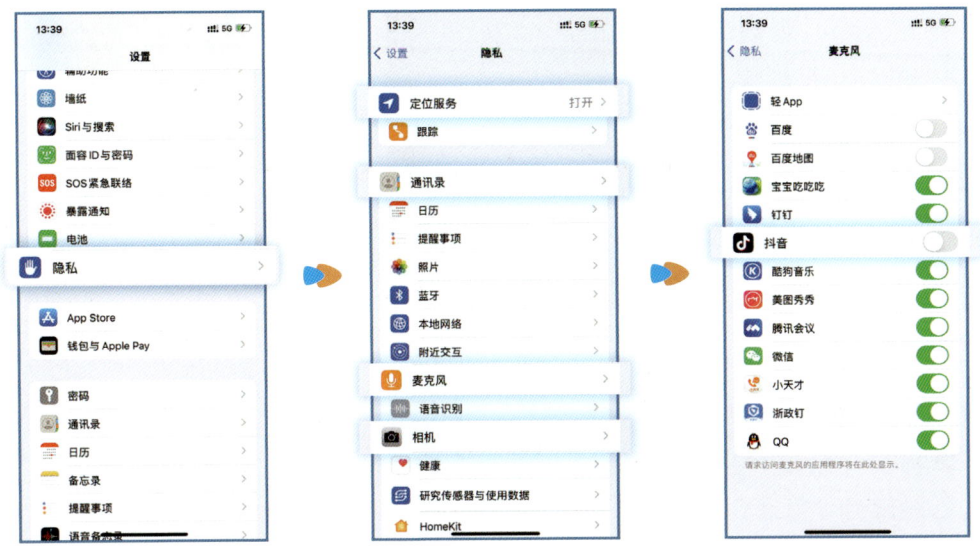

图1-7　权限设置方法1

方法2：进入"设置"页面，往下拉，可以看到各个App，找到"抖音"，点击进入后，选择需要设置的项目进行权限设置。

图1-8　权限设置方法2

账号注册

完成权限设置以后,就可以进入抖音App,观看系统播放的推荐视频。但是要开启短视频和直播之路,则需要进行账号注册和登录(图1-9至图1-12)。

步骤1:在底部选单找到"我",点击后跳转到"登录"页面。

图1-9 抖音登录页面

步骤2:在"请输入手机号"处输入手机号码并勾选"已阅读并同意用户协议和隐私政策以及运营商服务协议",点击"验证并登录",页面提示"60秒"内输入验证码,等待短信。

注意:手机号码最好为常用号码。

步骤3:在"请输入验证码"处输入

图1-10 输入手机号和验证码页面

收到的短信验证码，点击"登录"即可。

步骤4：若60秒内未输入成功或出现手机号码错误、验证码错误的情况，则登录失败。此时需要确认手机号码正确后，点击"重新发送"。输入正确的短信验证码，则登录成功。若依然无法登录，可点击右上角"帮助与设置"查询解决办法。

图1-11 重新发送验证码和帮助与设置页面

步骤5：在登录页面，有几种登录方式可以选择，例如头条号、Apple ID、QQ、微信和新浪微博，如果有相关的账号可以选择直接登录；如果没有，则用手机号码通过短信验证的方式注册登录，这是最常用也是最方便的方式。

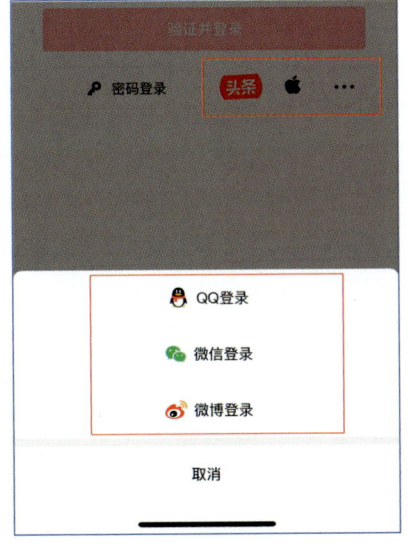

图1-12 抖音登录方式

信息完善

注册登录完成后,为了更好地体验和进行后续短视频拍摄制作及直播活动,要做好个人信息的完善(图1-13至图1-19)。

步骤1: 打开抖音,在底部选单找到"我",点击进入"用户主页"。

步骤2: 在"用户主页"页面,可以看到抖音默认的头像、用户名、抖音号等信息。在此页面点击"编辑资料",进入"编辑资料"页面,可完成头像、名字、简介、性别、生日、所在地、学校(选填)等的设置。

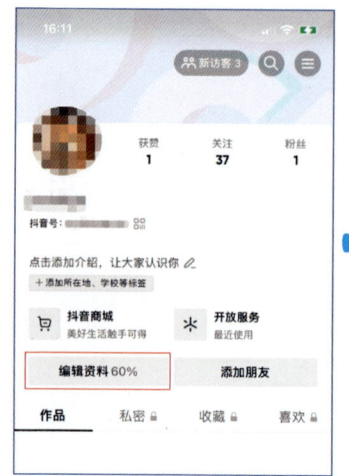

图1-13　编辑资料页面

步骤3: 修改名字。点击"名字"一栏,进入"修改名字"页面,完成修改,保存即可。

注意: 名字30天内可修改4次。

图1-14　修改名字页面

步骤4：填写简介。点击"简介"一栏，进入"修改简介"页面，完成填写后保存即可。填写个人简介更容易获得别人的关注。

图1-15 修改简介页面

步骤5：更换头像。点击"点击更换头像"，可在弹出窗口中选择"拍一张"或"相册选择"。选定照片后，在页面中用双指拖动图片进行缩放，将图片核心部位移动到明亮的圆圈中（此部位即头像展示部分），点击"确定"，图片完成上传后会在"编辑资料"页面显示更新。

步骤6：修改抖音号。点击"抖音号"一栏，进入"修改抖音号"页面，完成修改，保存即可。

注意：抖音号180天内只能修改1次，请斟酌考虑后修改。

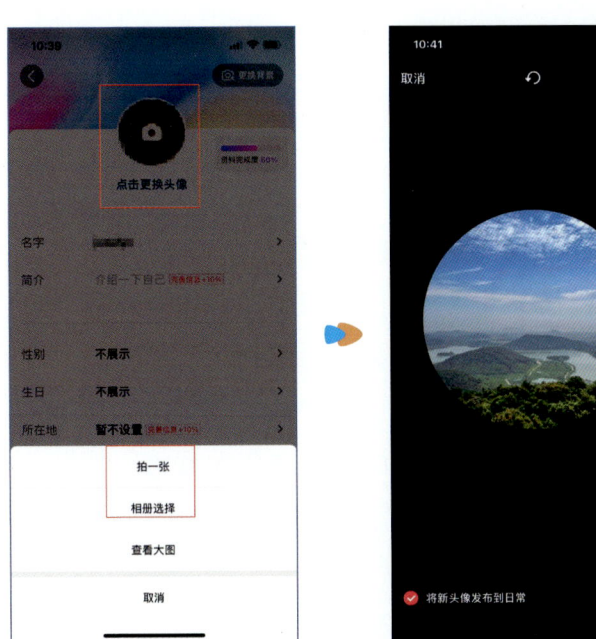

图1-16 更换头像页面

步骤7：修改性别和生日。此处性别和生日可选择"不展示"。

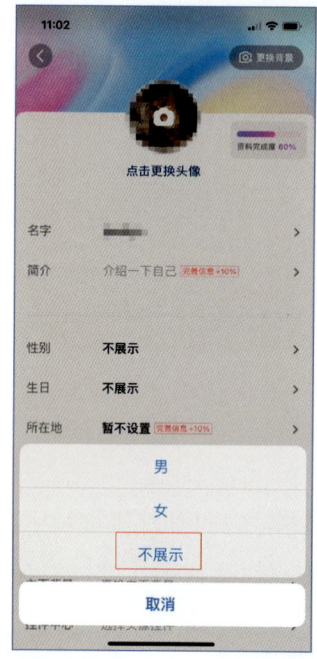
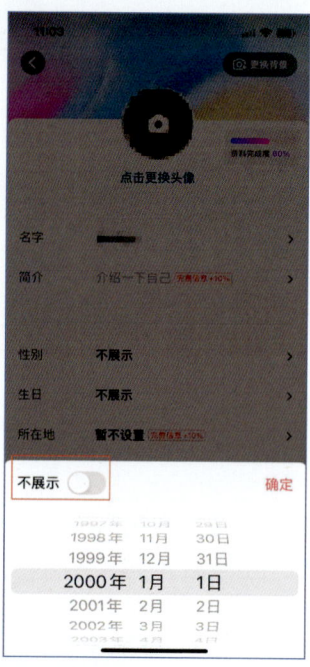

图1-17 性别和生日修改页面

步骤8：位置的设置有3种方法。其一是暂不设置。其二是直接定位到当前城市，如无法获取当前位置，则前往"设置—隐私"（iOS系统）进行设置。其三是点击"其他地区"，可以自由选择拟定位，如"中国"；打开省份，选择定位省份，如"浙江"；选择所在城市，如"衢州"，即可完成设置，跳转回"编辑资料"页面。

步骤9：设置学校（本栏为选填）。点击"学校"进入"添加学校"页面，可添加学校、院系、入学时间、学历和展示范围，完成设置。

图1-18 选择地区页面

第一章 乡村直播营销平台的选择与使用

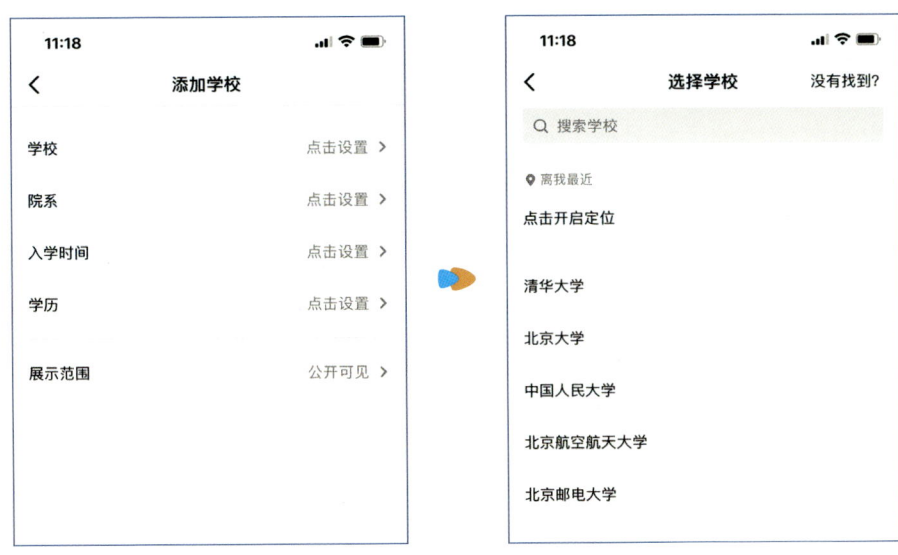

图 1-19　添加学校页面

🔍 密码设置与手机绑定

抖音可以通过短信验证的方式登录，但是如果在非本机登录或异地登录时就会带来不便，所以需要给抖音账号设置固定密码（图 1-20 至图 1-22）。

步骤 1： 打开抖音，在底部选单找到"我"，点击进入"用户主页"。点击右上角图标，选择"设置"，点击"账号与安全"。

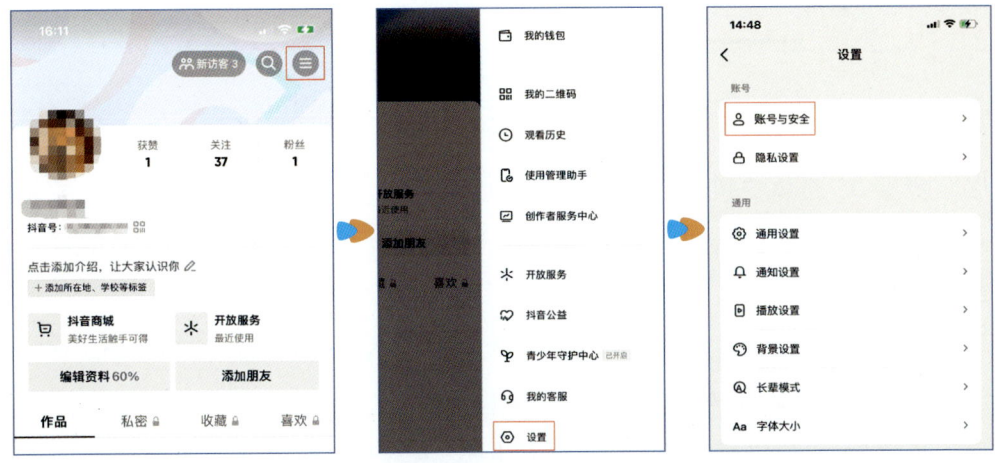

图 1-20　进入设置页面

步骤2：进入"账号与安全"页面，此时"抖音密码"为"未设置"。如果"手机绑定"为"未绑定"，点击"抖音密码"后，会要求先绑定手机。系统会跳出当前使用的手机号码，如果是本人常用的手机号码，可以选择"一键绑定"。

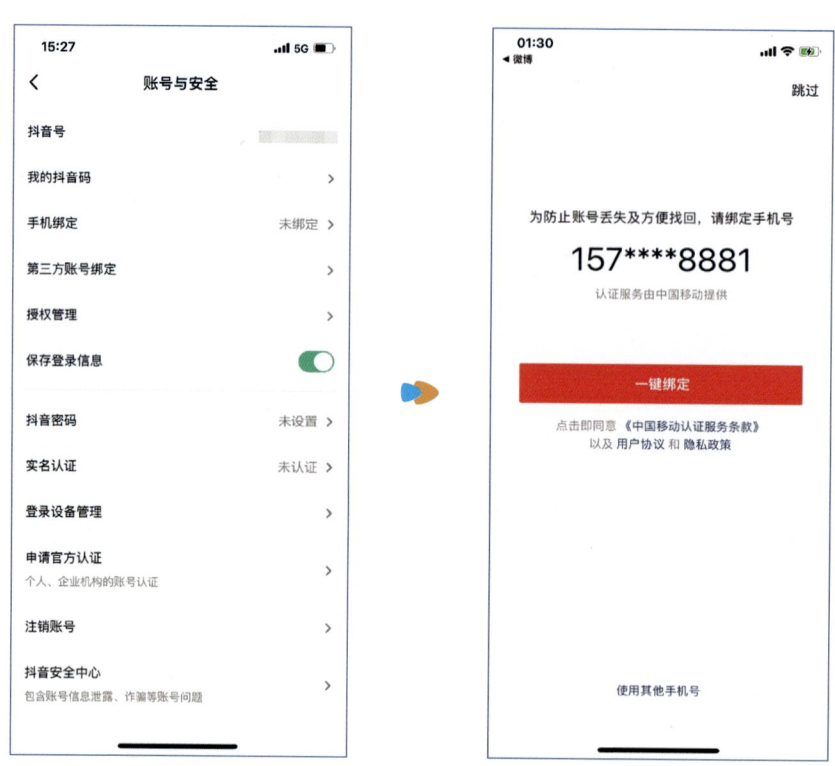

图1-21　绑定手机页面

步骤3：进入"抖音密码"设置页面，按照提示要求在"密码"一栏输入登录密码，要求密码为8~20位，至少包含字母/数字/符号中的任意2种组合。

步骤4：完成输入后，为确保为本人操作，系统会发送短信验证码，在规定时间内将验证码输入相应位置，完成设置。

步骤5：如若修改密码，只需重复步骤3和步骤4即可。

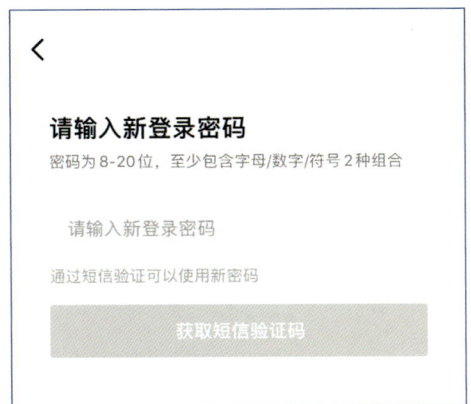

图1-22 密码设置页面

实名认证

为开通直播、进行收益提现、提高账号安全度和便于寻回账号,需要进行实名认证(图1-23)。

步骤1: 在"账号与安全"页面找到"实名认证"一栏,点击进入"实名认证"页面。

步骤2: 根据要求填写"真实姓名"和"身份证号",点击"同意协议并认证"。系统自动跳转到"身份验证"页面,点击"采集本人人脸",按照提示进行操作,核对准确后,实名认证完成。

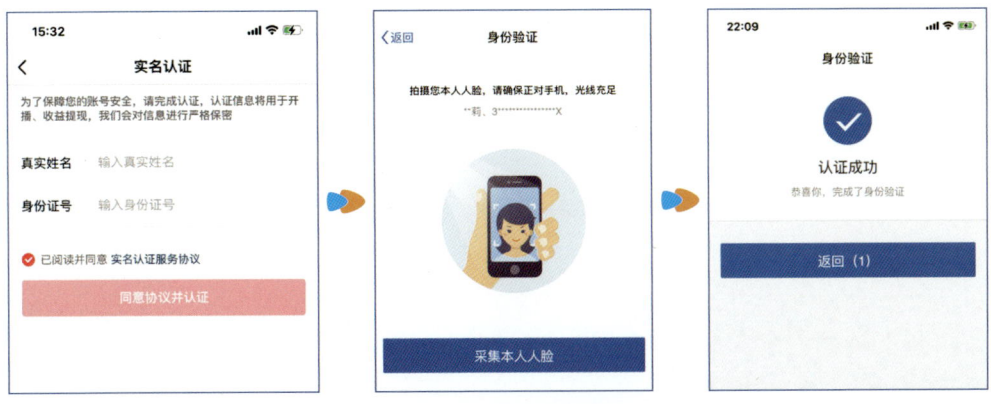

图1-23 实名认证流程图

 名词解释

1. 直播带货。
2. 乡村直播电商。

 简答题

1. 在新媒体营销环境下,主要有哪些直播平台?
2. 各直播平台有哪些特点?如何选择合适的直播平台?
3. 不同直播平台的流量逻辑分别是什么?
4. 在抖音平台注册账号有哪些注意事项?

 实训题

项目一:完成抖音平台的账号注册和实名认证。

项目二:完成快手平台的账号注册和实名认证。

第二章

开设抖音店铺

一、抖音小店简介

抖音小店是提供商品售卖服务的电商平台,旨在为用户提供便捷、高效的商品管理与售卖功能,帮助用户将自身的流量转化为收益。

开通抖音小店后,用户可以将店铺内上架的商品通过短视频或直播的形式进行分享,消费者可以在短视频或直播间中看到商品并点击跳转下单购买,转化路径更短,转化效率更高。

二、入驻流程概览

入驻所需资质

1. 必选资质

(1)营业执照(确保当前时间距离营业执照有效期截止时间大于3个月)。

(2)身份证件信息,详见表2-1。

表2-1 入驻所需身份证件

身份归属地	个体工商户经营者	企业法定代表人
国内	个人身份证、 港澳居民来往内地通行证、 台湾居民来往大陆通行证	
国外	暂不支持入驻	护照

(3)银行账户信息。

经营者/法定代表人可选对私银行账户信息或对公银行账户信息(身份归属地为国外及我国香港、澳门、台湾的,只能选对公银行账户信息)。

2. 可选资质

（1）品牌资质（图2-1）。

图2-1　品牌入驻所需资质

（2）行业资质。

部分类目如食品饮料、图书、教育音像、酒类（定向邀约）在选择类目时需提供相应的行业资质，其中酒类为定向邀约，申请开通流程为：填写问卷→准备资质材料→平台审核→专人联系入驻。具体开通流程可以通过抖店官网进入抖店学堂，然后在右上方的搜索框内输入"酒类"，点击第一篇文章进行了解。

入驻小助手使用说明

1. 具体操作

在"商家入驻"页面，选择好开店主体、想经营的店铺类型及类目后，点击"查询",进入入驻小助手页面,即可查看当前所选店铺入驻所需资费及相应的资质材料。

2.特别说明

如果不明确商品属于哪个类目,入驻小助手支持在选择类目时通过输入类目关键词来搜索。

入驻流程

入驻抖音有以下7个步骤(图2-2)。

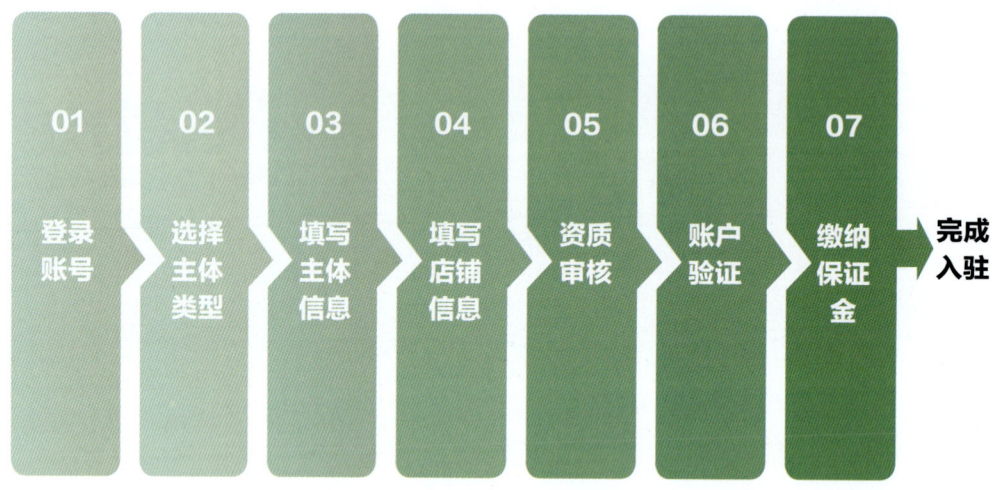

图2-2 入驻流程图

1.登录账号

(1)准备好相应的资质材料及资费后,即可开始入驻流程。

(2)通过抖店官网进入商家后台登录页。

(3)操作路径:抖店→商家入驻→点击"立即入驻"或直接点击右上角"登录"。

(4)进入商家后台登录页后,可直接通过手机号接收验证码进行登录。

2.选择主体类型

登录成功后,根据营业执照类型选择相对应的主体类型。

注意：主体类型一旦选择、认证后无法修改，请务必根据营业执照类型选择符合要求的主体类型。

3. 填写主体信息

（1）选择好主体类型后，根据系统提示完成主体信息的填写。

（2）填写好信息并核实无误后，点击下一步，进入店铺信息填写页面。

4. 填写店铺信息

根据系统提示完成店铺信息的填写。

5. 资质审核

进入资质审核阶段，审核时长为1~3个工作日，请及时关注平台短信通知或返回平台查看审核结果。

6. 账户验证

平台审核通过后，需进行账户验证，目前平台支持实名认证和打款认证两种验证方式。商家可通过实名认证的方式进行验证，身份归属地为国外及我国香港、澳门、台湾的商家可通过打款认证的方式进行验证。

（1）实名认证流程：通过银行预留手机号进行校验。

（2）打款认证流程：通过填写对公银行账户信息进行打款验证。

7. 缴纳保证金

账户验证通过后，需按照平台保证金标准完成保证金缴纳，即可正常营业。

三、小店开设步骤

本书推荐使用移动端开设抖音小店，并以移动端为例进行讲解。

📱 登录路径

路径：我→右上角图标→创作者服务中心→商品橱窗→开通小店→立即入驻→勾选"我已阅读并同意签署《账号绑定服务协议》"→立即开通（图2-3）。

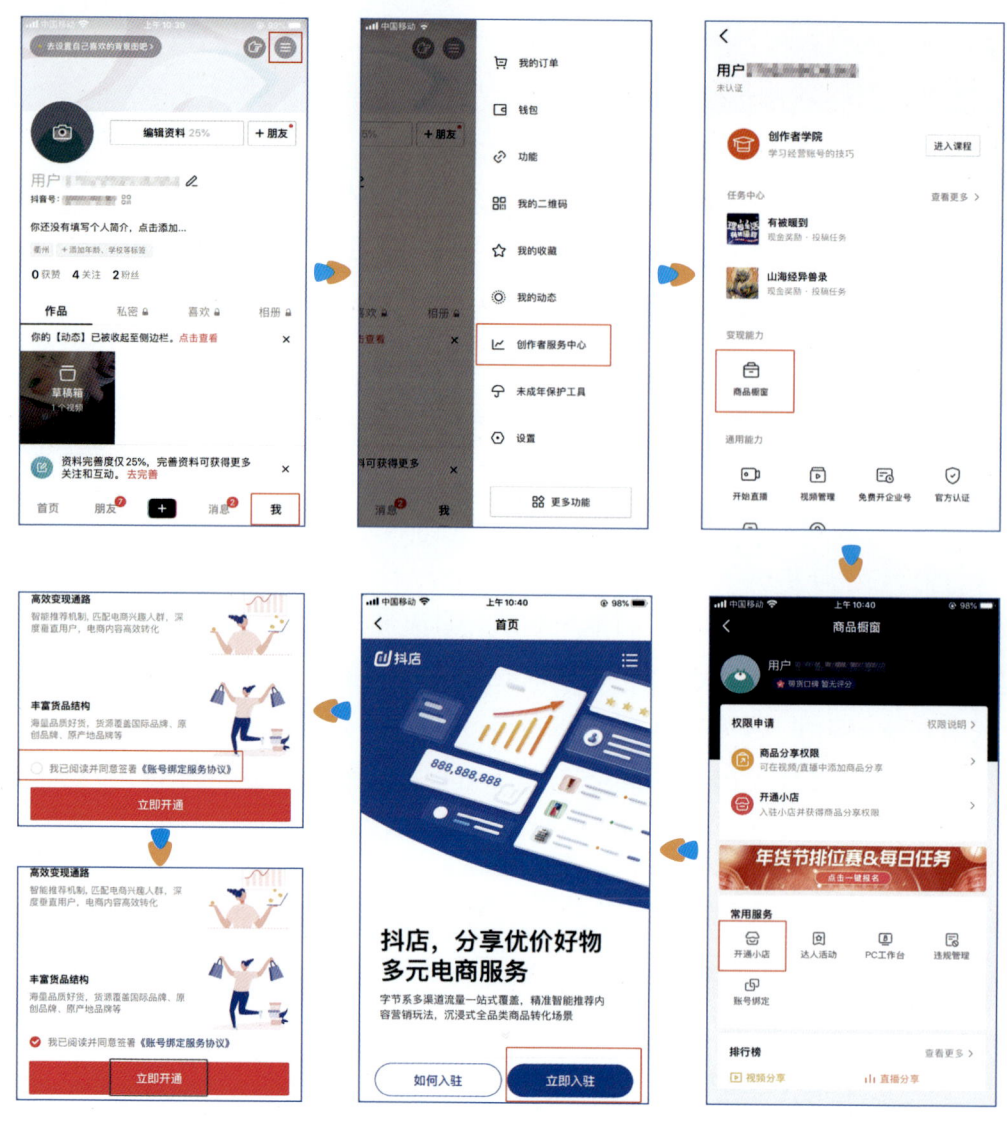

图2-3 登录路径图

选择主体类型

主体类型一旦选择,认证后无法修改,请务必根据营业执照类型选择符合要求的主体类型(本书以个体工商户认证为例,见图2-4)。

图2-4　选择认证类型页面

填写主体信息

主体信息有以下两部分内容（图2-5）：

1. 公司信息

包括认证类型（不可编辑）、营业执照照片、公司名称、统一社会信用代码、营业期限、公司注册地址。

2. 经营者信息

包括经营者身份归属地、身份证照片、经营者姓名、经营者身份证号码、证件有效期。

图2-5 主体信息填写页面

填写店铺信息

1. 店铺基本信息（图2-6）

包括店铺ID（不可编辑）、店铺名称、店铺类型（不可编辑）、店铺logo。

温馨提示：

（1）抖音小店的店铺名称尽量和营业执照主体相符。

（2）若店铺logo注册时没有，可选择一张普通图片代替，之后再更新。

图2-6　店铺基本信息填写页面

2. 店铺经营品类（图2-7）

一级类目必须从营业执照允许的经营范围内选择，否则无法审核通过。

温馨提示：

（1）尽量扩充营业执照上的经营范围，使得营业执照的经营范围和抖音小店的经营范围适配，提高后台审核通过率。若需变更或者扩充经营范围，可至注册地市场监督管理局办理。

（2）选择不同类目，所需缴纳的保证金不同，不同类目保证金不叠加，取最高额度。

图2-7 店铺经营品类选择页面

3. 店铺管理人信息(图2-8)

包括管理人姓名、管理人手机号、验证码。按照实际管理者信息填写即可。

图2-8 店铺管理人信息填写页面

🏪 平台审核

入驻资料提交成功后，等待平台审核。平台审核通过后，会发送资质审核通过的短信，前往下一步账户验证即可（图2-9）。

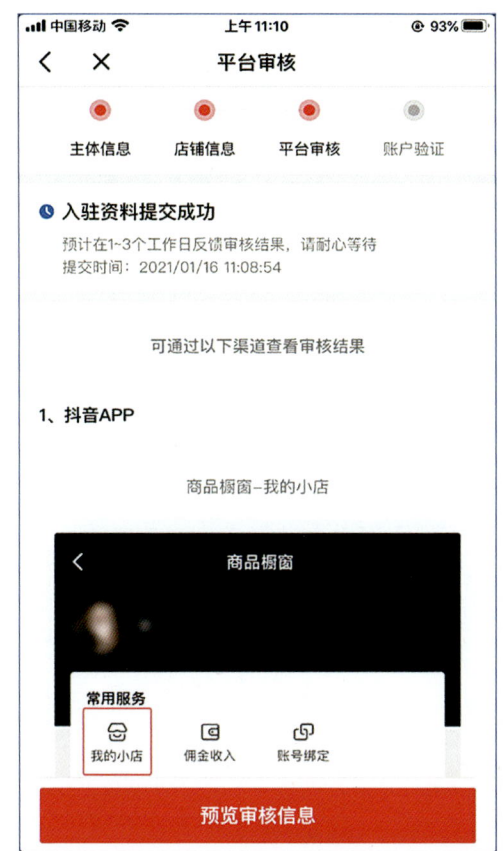 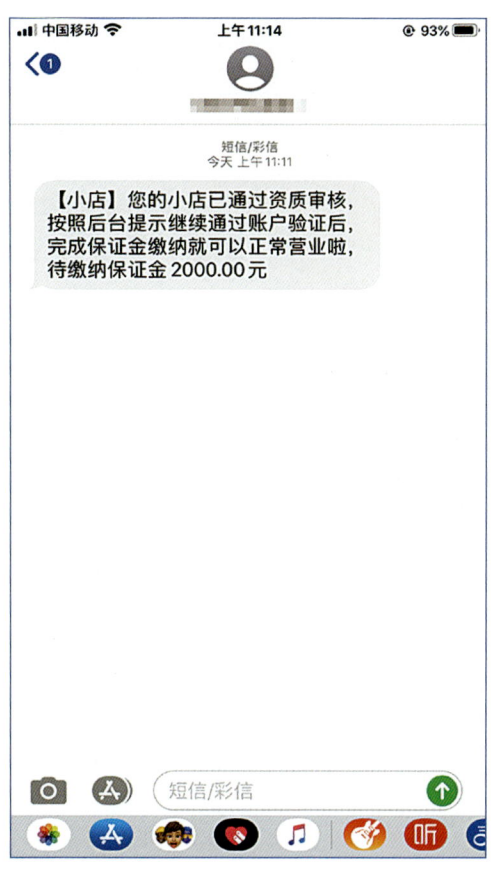

图2-9 平台审核页面和审核通过短信

🏪 账户验证

此处，只需填写经营者银行卡号、银行预留手机号、验证码（图2-10）。账户验证通过后，缴纳类目所需保证金后即可正常营业。

图 2-10 账户验证页面

缴纳保证金

缴纳保证金流程如图2-11所示。

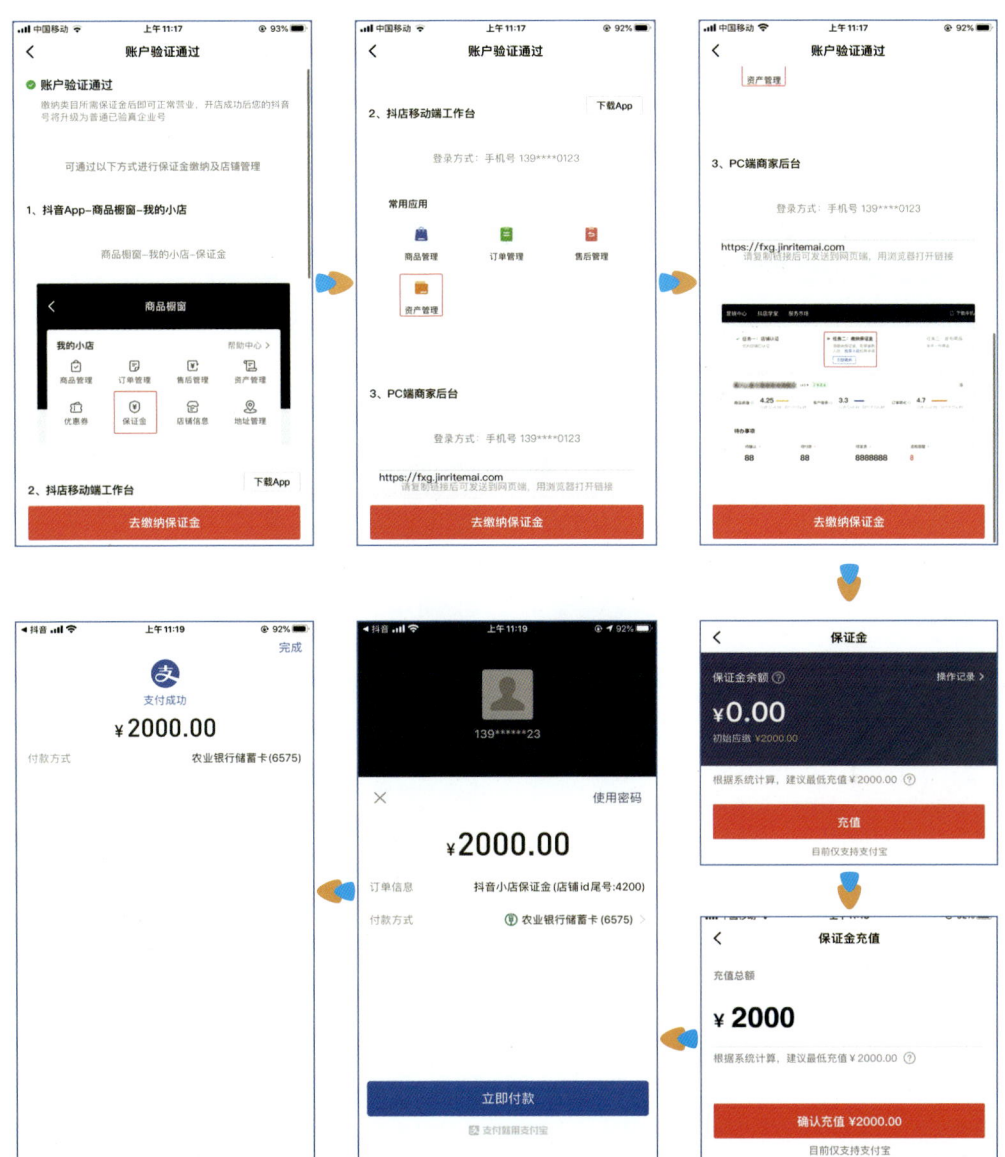

图2-11 缴纳保证金流程图

四、商品创建售卖

抖音小店商品创建

1. 商家开户

使用移动端创建商品时，商家需开通支付宝或微信账户，才能继续添加商品。开通流程如图2-12所示。

步骤1

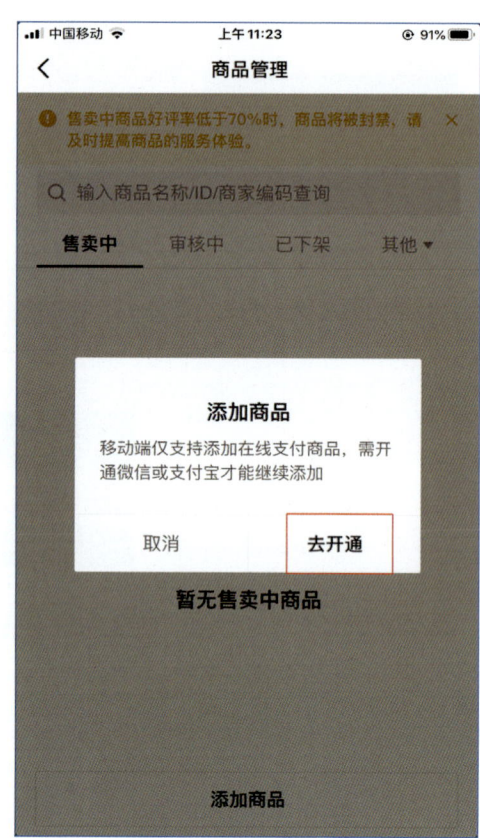

步骤2

图2-12 商家开户流程图

步骤3

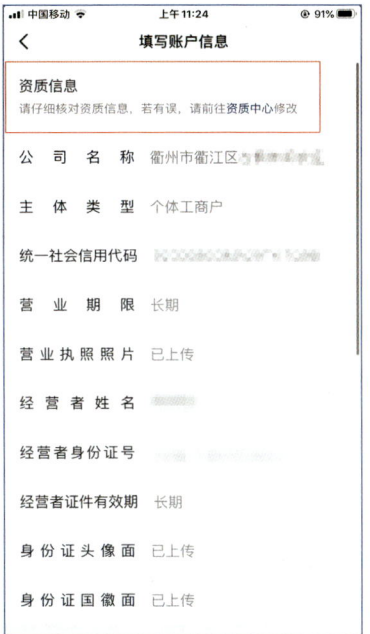

步骤4

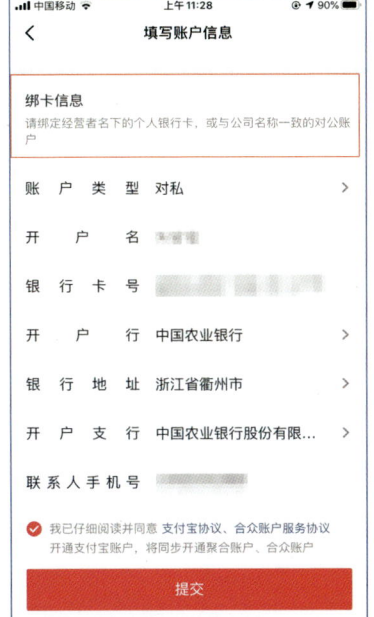

步骤5

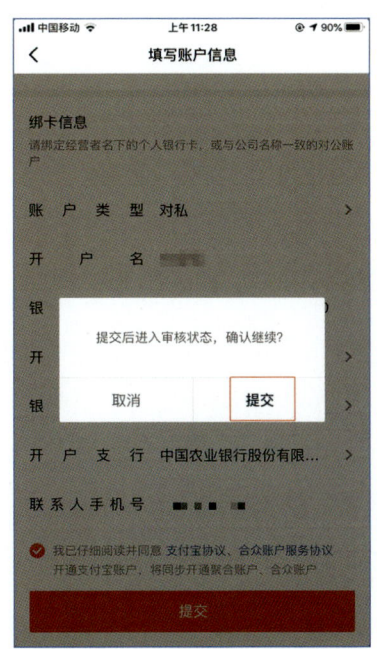

步骤6

图2-12 商家开户流程图(续)

步骤7　　　　　　　　　　步骤8

图2-12　商家开户流程图(续)

2. 创建商品(图2-13至图2-16)

(1)商品标题:描述品牌信息、名称、规格。

(2)商品图片:至少1张,主图不得含有除品牌logo以外的任何文字、水印。

注意:商品标题要尽可能涵盖商品信息,以生鲜类水果为例,商品标题必须包含产地、商品名称、种类/品种、净含量/规格,否则审核不通过,会被驳回。

(3)类目:按照实际售卖商品进行类目选择,本书以橘子为例进行演示。

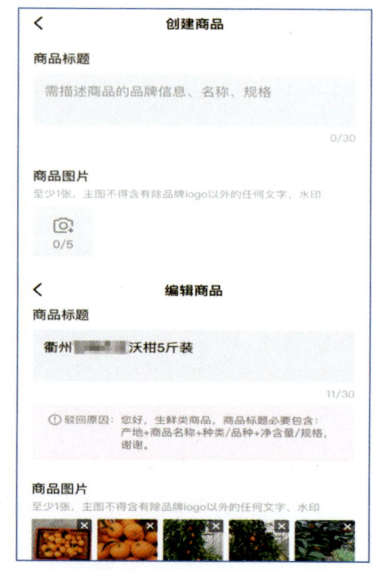

图2-13　创建商品页面

图2-14 选择类目页面

（4）发货模式：包括现货发货模式、全款预售发货模式、阶梯发货模式。

注意：如果切换了发货模式，原发货模式下的订单若被取消，系统不会自动回增库存。

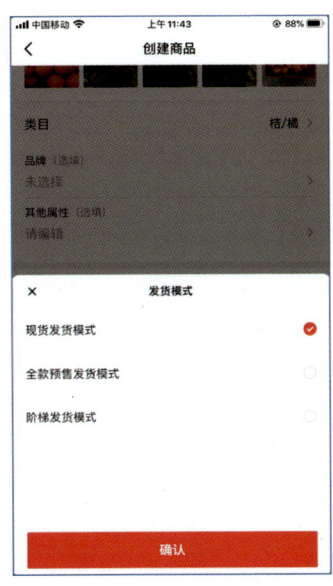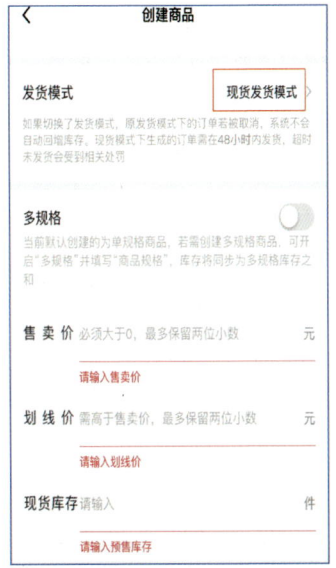

图2-15 3种发货模式填写页面

图2-15　3种发货模式填写页面(续)

①现货发货模式：现货模式下生成的订单需在48小时内发货，超时未发货会受到相关处罚。

②全款预售发货模式：商品发布成功后，预售期间产生的订单需以预售发货时间进行发货；预售结束后，商品将自动下架。

③阶梯发货模式：商品发布成功后先现货售卖，现货模式下的订单需在48小时内发货；现货库存售罄后生成订单需以阶梯发货时间进行发货。

（5）配送方式：物流配送运费模板需前往电脑端商家后台新建，抖店后台网址为https：//fxg.jinritemai.com/login。

路径：抖店后台→物流→运费模板→创建。

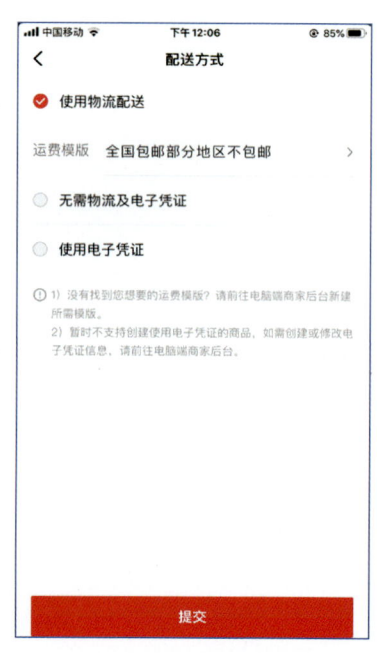

图2-16　物流配送方式操作页面

图2-16　物流配送方式操作页面(续)

3.商品管理(图2-17)

(1)审核中:完成商品创建步骤后,即可提交后台进行审核。

(2)售卖中：审核通过后，商品会自动跳转至"售卖中"页面。

(3)已下架：商品售空后，可点击"下架"，则该商品进入"已下架"页面。

图2-17 商品管理页面

开通抖音商品橱窗

路径：商品分享权限→实名认证→充值"商品分享保证金500元"→登录抖店后台（网址同上）→渠道管理→绑定抖音账号与小店账号（图2-18）。

步骤1　　　　　　　　步骤2

图2-18 开通抖音商品橱窗流程图

第二章 开设抖音店铺

步骤3

步骤4

步骤5

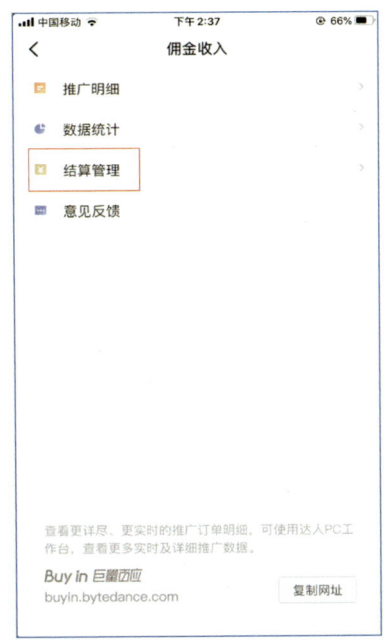

步骤6

图2-18 开通抖音商品橱窗流程图(续)

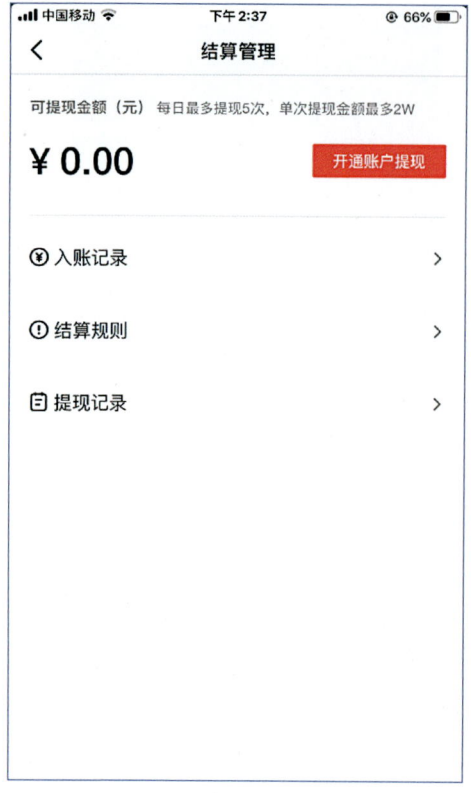

步骤7

步骤8

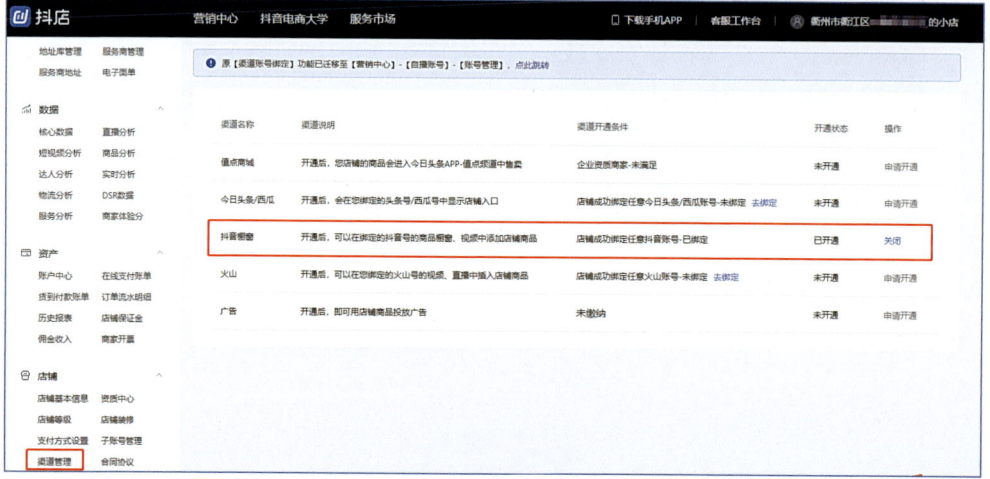

步骤9

图2-18 开通抖音商品橱窗流程图(续)

在商品橱窗中添加商品

添加商品流程如图2-19所示。

（1）打开抖音App，在个人主页中点击"商品橱窗"。

（2）进入"商品橱窗"页面后点击"橱窗管理"。

（3）在"橱窗管理"页面中点击"添加商品"。

（4）进入"添加商品"页面后点击"我的店铺"。

（5）此时，"我的店铺"页面中显示的就是自己小店的商品，点击"加橱窗"，后续操作跟随抖音自动指引，逐步完成即可。

图2-19 商品橱窗添加商品流程图

购物车上架短视频与直播产品

通过添加购物车，方便观众在观看短视频或直播时一键下单。

1. 短视频中添加购物车

发布视频，在视频发布页面点击"添加商品"，即可添加（图2-20）。

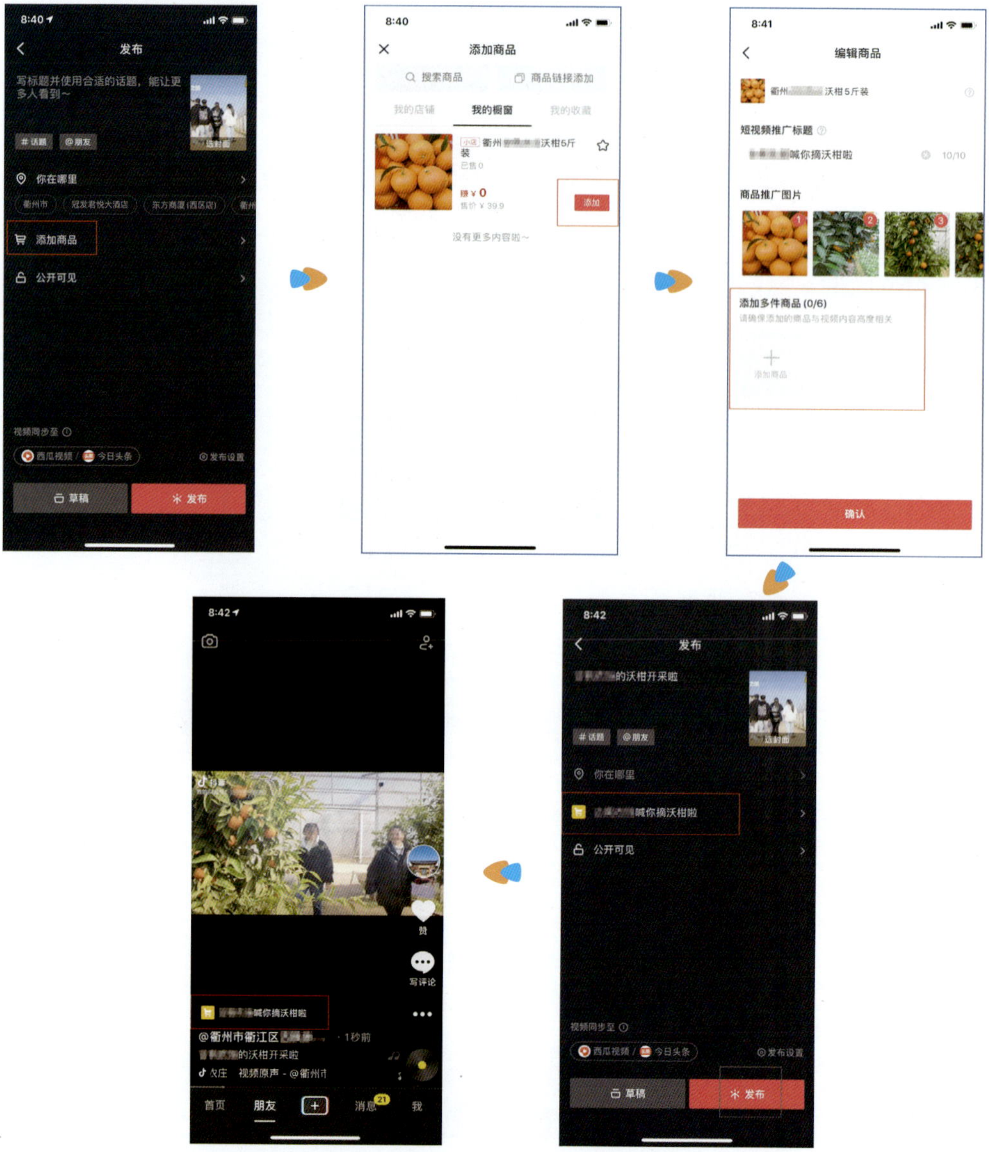

图2-20 短视频中添加购物车流程图

2. 直播中添加购物车

（1）完善封面和标题。

封面：选择贴合直播内容的图片或真人照片，有助于吸引观众进入直播间。

标题：反映直播内容，吸引观众观看。

（2）添加商品。

点击页面右边的商品进行勾选，勾选开播时要分享的商品，开始直播即可。

注意：直播分享的商品需提前添加到商品橱窗。

 实训题

项目一：某公司想要注册一家抖音小店，请问需要提前准备好哪些材料？请帮助该公司准备一份材料清单。

项目二：抖音小店注册完成后，请尝试在抖音橱窗中添加商品。

项目三：请尝试在抖音小店开通一次直播，将商品上架至购物车，直播时间不少于2小时。

第 三 章

短视频拍摄与剪辑

一、拍摄第一个视频

📹 手机拍摄小技巧

1. 画面稳定

若视频画面出现较大的抖动,会大大降低画面质量,可采用以下方式维持画面稳定:手持手机时保持手机与地面垂直,最好将手贴近身体,手肘固定在腰上,尽量与身体垂直,移动脚步时双脚交替缓慢移动,也可以将身体前倾或后仰进行拍摄;拍人像时摄像头与模特人眼平行。若经济条件允许,可使用稳定器来辅助拍摄(图3-1)。

图3-1 稳定器

2. 善用光线

在拍摄时,光线可能会干扰画面。但若合理利用光线,可以让作品更有吸引力,因此需要了解如何利用光线使作品效果更佳。

拍摄时,往往环境不够理想,拍出来的作品反差不够明显,色泽不佳,甚至比较灰暗。我们可以通过手边的便捷光源(例如手机的手电筒)进行照明改善。照明方向应选择侧光或逆光,以达到最佳拍摄效果(图3-2)。

逆光　　　　　　　　　　　　　　　侧光

图3-2　光线对比图

3. 经典构图

在拍摄视频的时候，采用三分法是比较常见的。这是一种很经典的构图方法。在相机设置中可以打开网格模式，虽然在录像模式下没有办法打开这个模式，但是可以通过使用拍照模式时的网格去观察屏幕内的画面，移动相机镜头使网格线条的交点对准拍摄主体（图3-3）。

非三分法构图　　　　　　　　　　　三分法构图

图3-3　构图对比图

4. 多角度拍摄

由许多片段剪辑而成的视频具有更好的趣味性，因此可以从多角度拍摄视频，并进行后期剪辑。常见的拍摄基本角度有三种，分别是平拍、俯拍和45°角俯拍（图3-4）。也可以通过重复拍摄同一个运动的状态，从多方面去展现。不论拍摄的主题是什么，都要思考该选用怎样的角度去丰富视频画面。

| 平拍 | 俯拍 | 45°角俯拍 |

图3-4　多角度对比图

5.手动设定曝光与对焦

不是所有的手机相机都可以设置参数,但是可以通过按下屏幕的某个区域来进行自动对焦或者锁定对焦。用手机拍摄视频应充分利用自动曝光锁定功能,因为这个功能可以防止手机在拍摄过程中频繁地改变曝光点和聚焦点。如果想接近某个拍摄主体进行拍摄,手动对焦是最好的选择(图3-5)。

图3-5　手动对焦拍摄主体

手机拍摄流程

近年来,智能手机的拍摄功能已经十分强大,人们能轻松地使用手机拍摄出优质的短视频作品。不同品牌、不同型号的手机功能各有不同。目前安卓系统手机是我国乡村大众使用的主流手机,下面以安卓系统手机为例,介绍如何使用安卓系统手机拍摄短视频,具体操作方法如下:

（1）打开手机相机，进入拍照模式（图3-6），在下方选择"录像"，切换到录像模式（图3-7）；若美颜功能自动打开，则点击"美颜"，调整美颜级别为0。

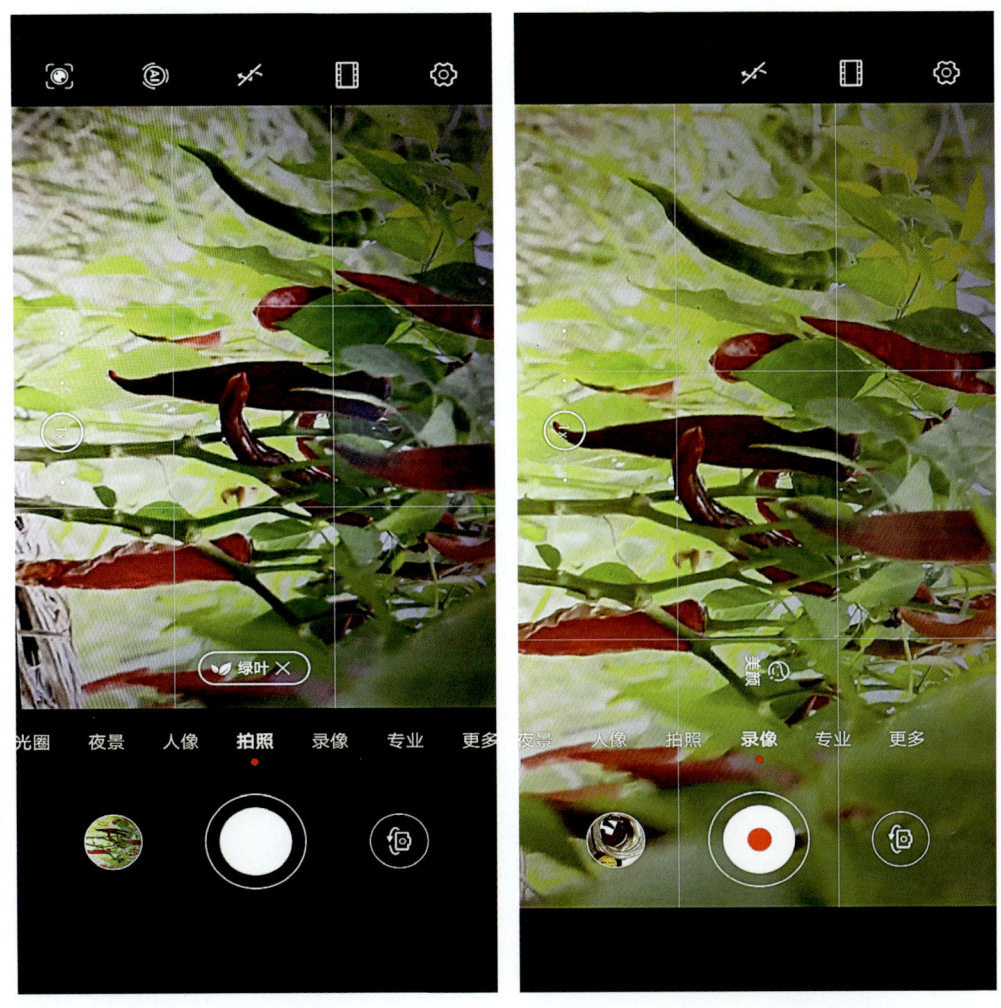

图3-6　拍照模式　　　　　　　　图3-7　录像模式

（2）点击右上角图标，进入"设置"页面（图3-8），点击"参考线"右边的按钮，将其打开，再点击"视频分辨率"，在打开的页面中选择视频分辨率"[16∶9]1080p"（图3-9）。完成设置后点击左上角返回按钮。

图3-8　视频设置页面

图3-9　分辨率选择页面

（3）点击拍摄主体并长按对焦框（图3-10），直至屏幕上方出现"曝光和对焦已锁定"，然后点击下方录制按钮，开始录制视频（图3-11）。

图3-10　对焦拍摄主体

图3-11　录制视频

二、剪辑第一个视频

一个优秀的短视频作品少不了后期剪辑,移动端剪辑工具有很多,如快剪辑、巧影、剪映、乐秀等。其中剪映是抖音官方推出的一款具有强大视频编辑功能的软件,不仅支持视频变速倒放,在视频中添加音频、字幕、贴纸,应用滤镜,使用美颜等,还提供了非常丰富的曲库和模板资源,即使是视频制作的初学者,也能利用这款软件制作出满意的视频作品。下面以剪映App为例介绍如何剪辑一段完整的视频。

手机剪辑小技巧

1. 剪同款

在使用剪映剪辑视频时,可以使用剪同款功能,通过使用他人的模板进行快速剪辑。具体操作步骤如下:

(1)打开剪映App进入首页,点击底部选单"剪同款"(图3-12)。

(2)选择需要剪辑的视频分类,并选择需要使用的模板(图3-13)。

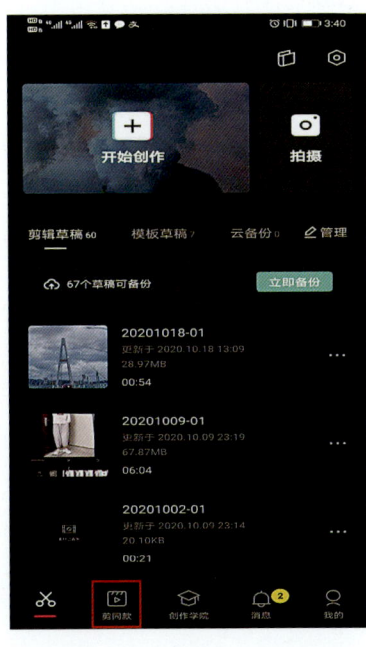

图3-12 剪映App首页

图3-13 选择模板

（3）点击"剪同款"（图3-14）。

（4）点击相册内的视频或者照片，选择素材，点击"下一步"（图3-15）。

图3-14　点击"剪同款"

图3-15　选择素材

（5）点击右上角"导出"，再点击"无水印保存并分享"，等待导出完毕后即可（图3-16）。

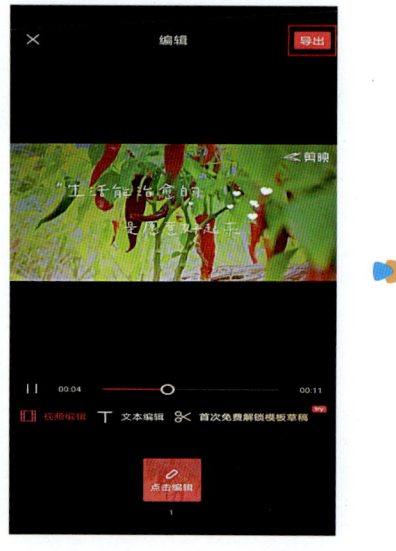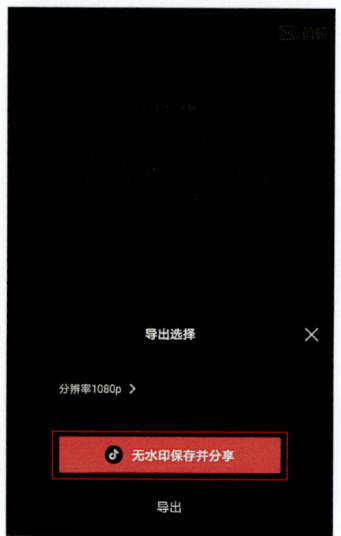

图3-16　导出视频

2. 创作课堂

剪映创作课堂中有各类免费的视频剪辑技巧与教程，包括由剪映官方出品的新手入门操作视频，为对剪辑等技巧感兴趣的用户提供一个学习交流的平台。

具体打开方式如下：打开剪映App进入首页，点击底部选单"创作课堂"，即可进入创作课堂页面（图3-17）。

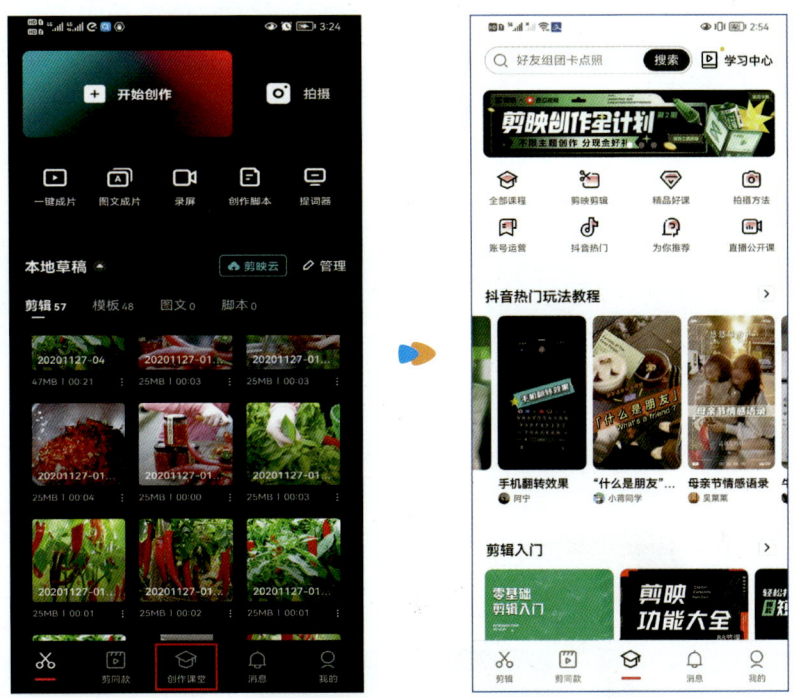

图3-17　创作课堂打开方式

视频剪辑流程

下面将详细介绍如何使用剪映制作一段完整的创意视频。

1. 添加项目

打开剪映App，点击屏幕左下角"剪辑"，然后点击上方"开始创作"。在打开的页面中选择拍摄的视频素材，然后勾选左下角"高清画质"，最后点击右下角"添加"（图3-18）。

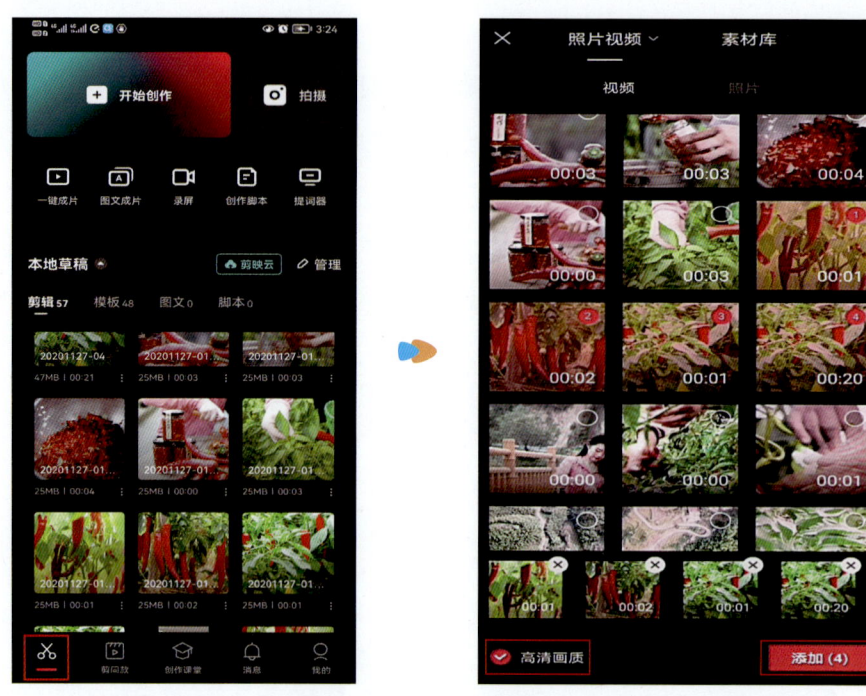

图 3-18 添加项目

2. 删除视频

点击左下角"剪辑",将时间线定位到要分割的视频素材所在位置,再点击底部选单"分割",选择需要删除的片段,最后点击底部选单"删除"(图3-19)。

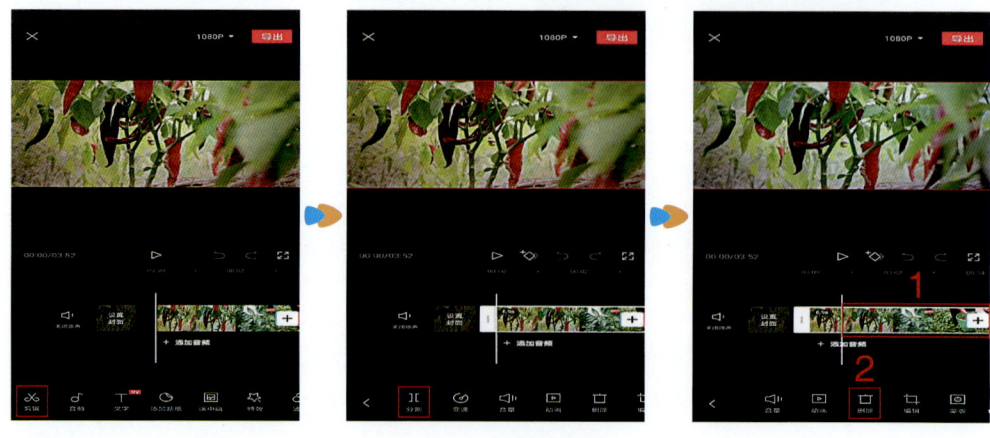

图 3-19 删除视频

3. 调整播放速度

选择好所要调整速度的视频片段后,点击底部选单"变速",选择"常规变速",左右滑动调整视频播放速度,调整完成后点击右下角"√"(图3-20)。

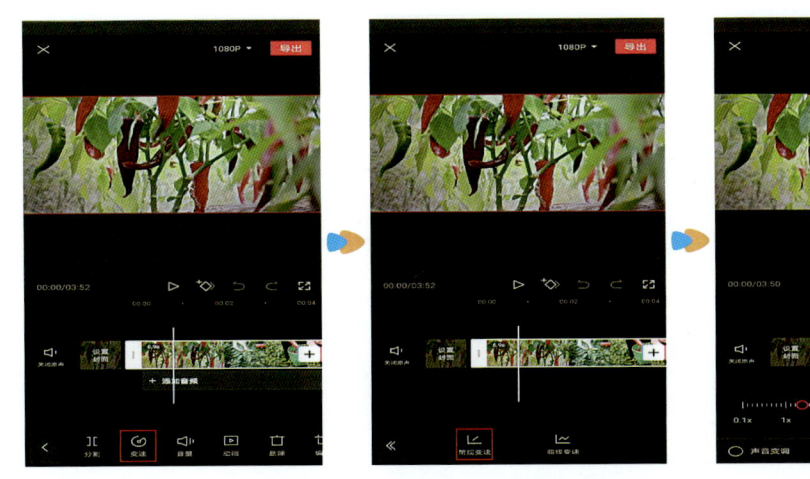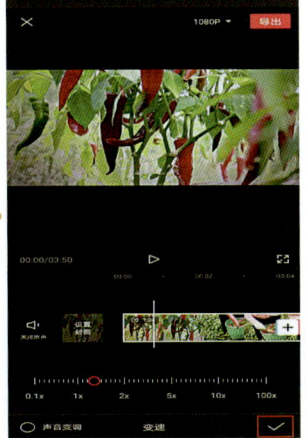

图3-20 调整播放速度

4. 添加背景音乐

先将视频原声关闭,点击"关闭原声",然后点击底部选单"音频",再点击左下角"音乐",选择合适的音乐后,点击"使用"即可(图3-21)。

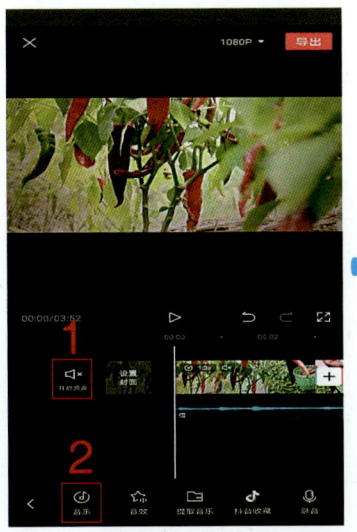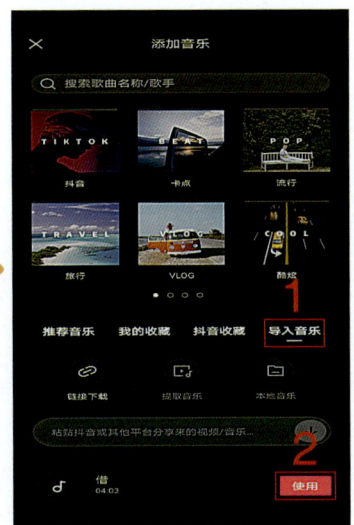

图3-21 添加背景音乐

5. 删除多余背景音乐

先点击音频段，将时间线移至分割处后点击"分割"，再选中需要删除的音频段，点击"删除"，最后长按留下的音频段，将其移至最前端。同时，将尾端多余音频按同样的操作步骤删除（图3-22）。

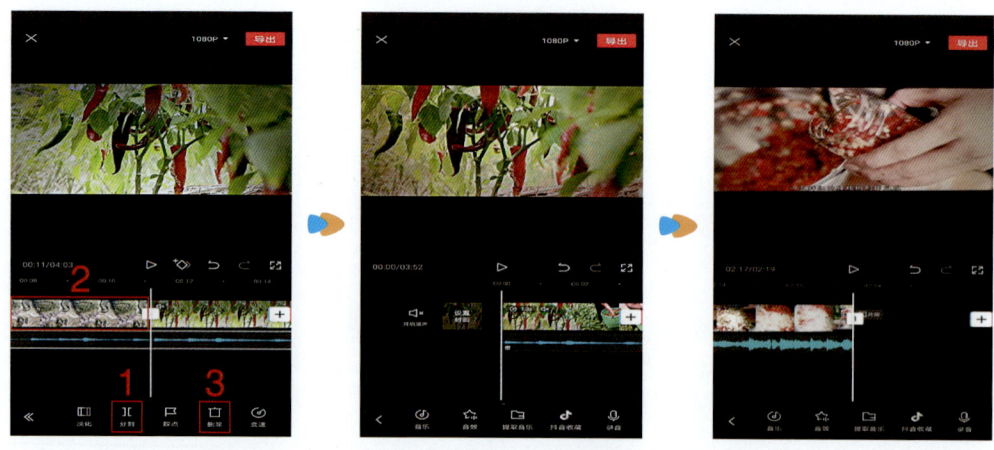

图3-22　删除多余背景音乐

6. 添加音效

将时间线移至所要添加音效的视频片段最前端，点击底部选单"音效"，选择合适的音效，如"环境音"中的"鸟叫虫鸣"，下载后点击"使用"即可。最后将多余的音效片段删除（图3-23）。删除的操作步骤与删除多余背景音乐一样，此处不再重复介绍。

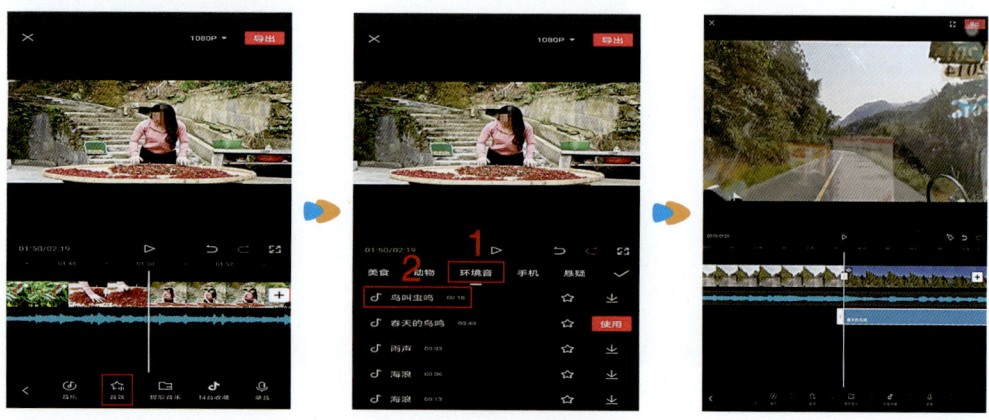

图3-23　添加音效

7.添加字幕

点击底部选单"文字"后,点击"识别歌词",并设置字幕样式,点击底部选单"样式",然后选择所需的文本字体样式,再点击"动画",选择"渐显"动画,最后点击"√"(图3-24)。至此,该视频制作完毕,点击右上角"导出"即可。

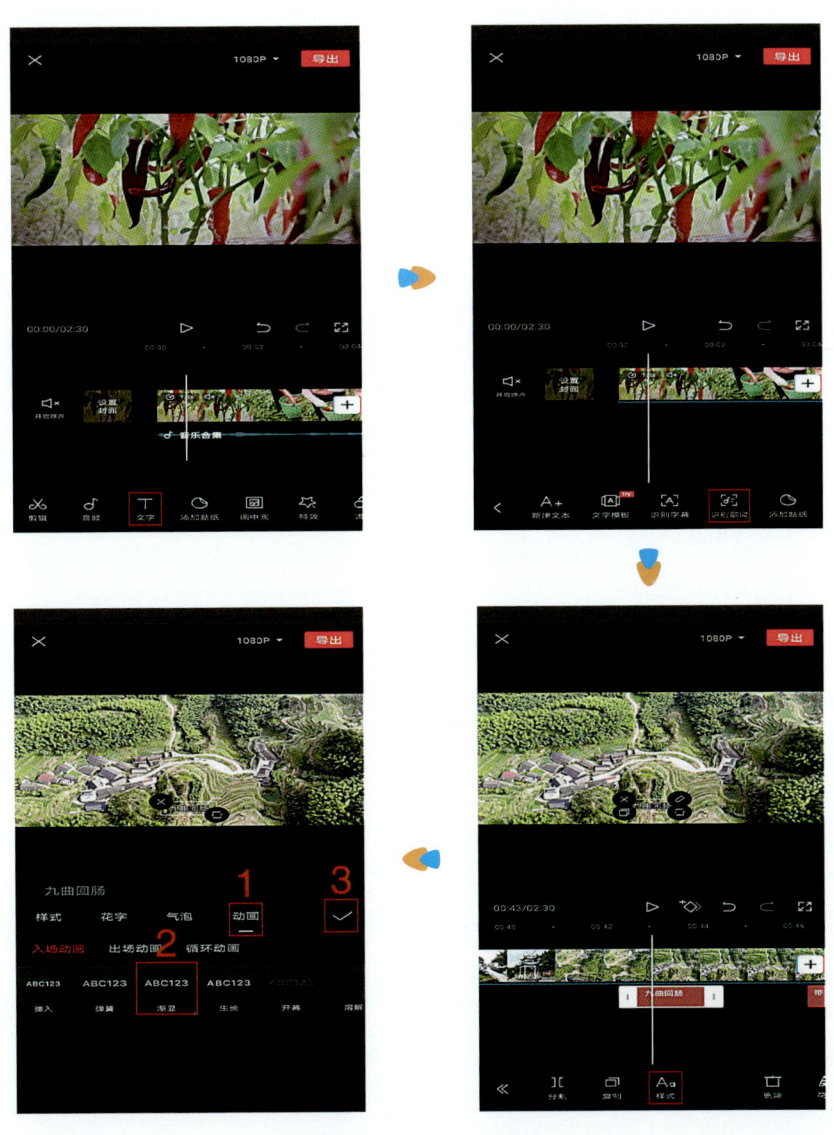

图3-24 添加字幕

单选题

1. 下列四张景物图中，采用三分构图法的是（　　）。

　　A　　　　　　　B　　　　　　　C　　　　　　　D

2. 下列四道菜肴中，采用俯拍角度拍摄的是（　　）。

　　A　　　　　　　B　　　　　　　C　　　　　　　D

实训题

项目一：使用手机相机拍摄一组农特产品短视频，并利用剪映App剪辑出一个完整的作品。

项目二：选择手机内已有的农特产品视频，利用剪映中的剪同款功能剪辑出一个满意的作品。

第 四 章

乡村直播前筹备

一、农特产品选品

选品卖点

本书以适合线上销售的农特产品如铁皮石斛鲜条、铁皮枫斗、铁皮石斛花等为例,进行选品介绍。

1. 铁皮石斛鲜条(图4-1)

铁皮石斛鲜条有以下卖点:

(1)种植环境:种植于四季分明、雨量充沛、温暖潮湿的雁荡山(世界地质公园、国家森林公园、国家AAAAA级旅游景区)。

(2)形态:茎粗壮、柔软,颜色偏红色,带芝麻点,具凹节、黑节。

(3)味道:微甜。

(4)营养价值:含石斛多糖,具有滋阴清热、增强免疫力等功效。

(5)有机食品:通过有机产品认证。

(6)食用方式:可嚼食、榨汁、煮茶、煮粥、炖汤等。

图4-1 铁皮石斛鲜条产品展示图

2. 铁皮枫斗(图4-2)

铁皮枫斗有以下卖点:

(1)种植环境:种植于四季分明、雨量充沛、温暖潮湿的雁荡山(世界地质公园、国家森林公园、国家AAAAA级旅游景区)。

(2)形态:由铁皮石斛加工而成,呈螺旋状,颜色偏铁青色。

图4-2 铁皮枫斗产品展示图

（3）味道：微甜。

（4）营养价值：含石斛多糖，具有滋阴清热、增强免疫力等功效。

（5）食用方式：可嚼食、煮茶、煮粥、炖汤等。

3. 铁皮石斛花（图4-3）

铁皮石斛花有以下卖点：

（1）种植环境：种植于四季分明、雨量充沛、温暖潮湿的雁荡山（世界地质公园、国家森林公园、国家AAAAA级旅游景区）。

图4-3 铁皮石斛花产品展示图

（2）形态：花呈淡黄色，共六瓣。

（3）味道：微甜。

（4）保健价值：具有理气、安神、益血、解郁等功效。

（5）食用方式：可泡茶煮饮或用于烹饪。

4. 马金豆腐干（图4-4）

马金豆腐干有以下卖点：

（1）原材料：开化马金地处高山，平均海拔高，光照时间长，常年无雾气，产出的黄豆蛋白质含量高。

（2）制作工艺：黄豆手工现磨，柴火烧制豆浆，炭火烤豆腐至表皮金黄，无防腐剂，保质期短。

图4-4 马金豆腐干产品展示图

（3）营养价值：含有大量蛋白质、脂肪、碳水化合物，富含钙、磷、铁等多种人体所需的矿物质。

（4）食用方式：可做冷盘，也可搭配青红辣椒爆炒。

5. 汽糕干（图4-5）

汽糕干有以下卖点：

（1）制作工艺：采用柴火土灶，传统烧制，手工制作。经过泡米、磨浆、发酵、蒸熟等多重工序，工艺考究。

（2）口感：柔软，富有弹性，味道鲜美可口，用料十足。

图4-5 汽糕干产品展示图

图4-6 千层粿产品展示图

6. 千层粿（图4-6）

千层粿有以下卖点：

（1）制作工艺：优质大米用稻草灰碱水浸泡，石磨磨浆，旺火炊制，纯手工制作，工艺考究。

（2）色泽：颜如黄玉。

（3）口感：口感好，风味特别。

（4）食用方式：食用方式多样，可作零食食用，一层一层剥下来吃；可拌糖作甜食食用；也可用鸡、鸭汤汁烧煮食用。

7. 双椒酱（图4-7）

双椒酱有以下卖点：

（1）原材料：选用高山辣椒。

（2）制作工艺：青红双色辣椒相互交融，独特腌制配方，工艺特殊。

（3）色泽：皮薄色亮。

（4）口感：甜度高，口感好。

图4-7 双椒酱产品展示图

8. 竹荪（图4-8）

竹荪有以下卖点：

（1）种植环境：类野生环境。

（2）加工工艺：柴火烘干，不熏硫，保留竹荪原香原味。拒绝化学原料，人工采集烘干。

（3）味道：菇肥，肉厚，菌香。

（4）营养价值：营养丰富，被誉为"菌中皇后"，含有丰富的蛋白质。

图4-8　竹荪产品展示图

市场调研和产品定价

不同平台所需的对比信息详见表4-1。

表4-1　不同平台所需对比信息

平台类型		对比信息
综合型生鲜电商平台	淘宝	（1）农产品产地（选择参考同产地农产品）； （2）规格（如单箱规格净重2.5千克）； （3）重量（单果重量）； （4）品质（单果等级划分）； （5）包装方式（散装/礼盒装）； （6）售卖方式（单品/组合装）； （7）快递（快递是否包邮）； （8）活动（各平台和商家优惠券满减额度及折扣力度）
	天猫	
	京东	
	网易严选	
	1号会员店	
	苏宁易购	
	拼多多	
垂直型电商平台	中粮我买网	
	美团优选	
	每日优鲜	
	叮咚买菜	

续表

平台类型		对比信息
新型零售生鲜电商模式	超级物种	（1）农产品产地（选择参考同产地农产品）； （2）规格（如单箱规格净重2.5千克）； （3）重量（单果重量）； （4）品质（单果等级划分）； （5）包装方式（散装/礼盒装）； （6）售卖方式（单品/组合装）； （7）快递（快递是否包邮）； （8）活动（各平台和商家优惠券满减额度及折扣力度）
	盒马鲜生	
整合线下超市平台	永辉	
	物美	
对标直播间	快手	寻找与自己所售商品一致或者相关的对标账号，记录对标直播间商品的标准、规格、产地、售价等信息
	抖音	
	淘宝直播	

本书以开化汽糕为例，横向对比同一规格不同平台开化汽糕的价格（以常用电商平台为例），纵向对比同一平台不同店铺开化汽糕的价格（暂不考虑店铺活动和平台活动），详见表4-2和表4-3。

表4-2 同一规格不同平台价格横向对比（以1笼1千克为例）

平台	店铺名称	规格	价格/元
淘宝	花千谷农场	香干肉、笋干肉、黑木耳肉、萝卜丝肉、小虾米	23
		混搭口味	25
		混搭加菜口味	30
京东	怡瑞食品专营店	香干肉、笋干肉、黑木耳肉、萝卜丝肉、小虾米	58.81
		混搭口味	64.15
		定制口味	74.84

续表

平台	店铺名称	规格	价格/元
拼多多（不拼团）	桂香调味品专营店	豆腐干、黑木耳、红辣椒	37.86
拼多多（拼团）		豆腐干、黑木耳、红辣椒	35.86

表4-3　同一平台（淘宝）不同店铺价格纵向对比（以1笼1千克为例）

店铺名称	规格	价格/元
花千谷农场	香干肉、笋干肉、黑木耳肉、萝卜丝肉、小虾米	23
	混搭口味	25
	混搭加菜口味	30
衢州常开味食品	香干肉、萝卜丝肉、黑木耳肉、豇豆干肉	25
	笋干肉、小虾米	35
	虾米＋蔬菜混合	30
	蔬菜（江浙沪发顺丰）	33
	小虾米、笋干肉（江浙沪发顺丰）	43
	全肉（江浙沪发顺丰）	63
信忆食品专营店	香干肉、笋干肉、黑木耳肉、萝卜丝肉、小虾米	32.79
	顺丰款	41.35
	混搭口味	35.64
	混搭加菜口味	42.78

综上，对于汽糕这款产品，京东定价远高于淘宝，拼多多定价介于淘宝和京东之间，建议在平台选择上参考淘宝定价。

同一平台（淘宝）不同店铺，类似口味、规格的产品定价略有差异，建议根据自己店铺产品品质、市场认可度等因素综合定价，推荐采用小数点定价法，以数字8或9结尾。

二、直播场景设置

专业直播间场景搭建

1. 场地

（1）面积：直播间场地在8~20平方米即可。个人主播场地标准为8~15平方米，团队直播场地标准为20~40平方米。

（2）隔音效果：隔音效果好的场地能够有效避免杂音的干扰。

（3）吸音效果：吸音效果好的场地有利于避免在直播中产生回音。

注意：直播间的隔音和回音要提前测试，尽量不要选择隔音不好或者回音太重的场地。

2. 场景设置

（1）主光。在直播中主光是主导光源，决定画面的主调。同时，主光是照射主播外貌和形态的主要光线，是灯光美颜的第一步，可以让主播的脸部均匀受光。主光应该正对主播的面部，与摄像头上的镜头光轴形成0°~15°的夹角，这样会使主播的面部受光充足、均匀，并使面部肌肤显得柔和、白皙。

（2）辅助光。辅助光是从主播侧面照射过来的光，对主光能够起到一定的辅助作用。使用辅助光能增加主播整体形象的立体感，让主播的侧面轮廓更加突出。

（3）轮廓光。轮廓光又称逆光，能够明显地勾勒出主播的轮廓，将其从直播间的背景中分离出来，从而使得主播的主体形象更加突出。在布置轮廓光时，要注意调节光线的强度，如果轮廓光的光线过亮，就会让主播前方的画面显得昏暗。

（4）顶光。顶光是次于主光的光源，从主播头顶位置进行照射，给背景和地面增加照明。顶光的位置距离头顶最好在2米以内。

（5）背景光。背景光又称环境光，是主播周围环境及背景的照明光线。在布置背景光时要采取低亮度、多光源的方法。

3. 环境布置

（1）简洁干净。直播场所不同，选择的场景也不同，但是要保持简洁干净。

（2）根据直播内容定位直播间的整体风格。电商带货类直播间的布置要突出营销的属性，可以用销售的商品来装饰直播间。

（3）直播间的环境布置要与主播格调一致。

（4）利用配饰做适当点缀。

（5）使用背景布，且放置距离要合适。想节约直播间装修成本，可以尝试使用背景布，质量上乘的背景布配上合适的灯光，能形成良好的立体效果，背景布与主播之间的距离一定要合适。

4. 空间优化

（1）直播区：该区是会呈现在观众手机屏幕上的区域，桌面上摆放的产品、背景墙表达的品牌元素要与直播内容紧密相关。

（2）陈列区：在一些直播间里，陈列区会作为画面呈现的一部分，在镜头或者主播的身后作为背景，能够更好地展示商品，让直播间看起来整洁有序。陈列方式可以参考商场。

（3）其他区：指镜头以外的区域，例如运营人员的操控区。要保持干净整洁，现场的插线接口距离要规划好，避免出现安全隐患。

5. 设备设置

（1）移动端：核心设备有手机、支架、补光灯。硬件至少满足3个要求，分别是高清、平稳、低延迟。由于直播推流对硬件要求比较高，所以尽量选择高配置手机。

（2）电脑端：核心设备有电脑、摄像头、补光灯。电脑直播推流对电脑CPU性能要求比较高，推荐使用较新型号或较高级的CPU。摄像头一般可选用罗技C900系列，以保证画面的清晰度和色彩的还原度。同时要搭配落地或者桌面的摄像头支架，另外还要准备一部手机和一个落地支架，用于观看直播间的观众互动信息。

简易直播间场景搭建

室外直播场地要求：农产品的简易直播间一般有田间地头、农产品仓库、农产品加工车间等场景，此类直播一般以室外居多，搭建的场景比较清新、自然、原生态，手机、直播支架等还是必需的设备，其余的背景以天然的农家背景居多，不需要额外搭建。选择室外场地作为直播间时，需要考虑以下因素：

（1）天气条件良好。如果选择在傍晚或夜间直播，则需要配置补光灯。

（2）室外场地不宜过大。在直播过程中主播不仅要介绍各类商品，还要回答观众提出的一些问题，如果场地过大，容易让主播把时间浪费在行走上。

三、直播设备选择

直播应选择合适的设备，详见表4-4。

表4-4　直播设备需求表

类型	设备	设备需求说明	产品图
必要设备	手机 1～2台	（1）拍摄清晰稳定，内存充足，摄像头像素高、性能稳定； （2）如果有夜间直播需求，选择使用夜间拍摄效果好的手机	
	手机支架	（1）高度可调节； （2）角度可调节，最好带补光功能； （3）稳定性强，避免画面晃动； （4）最好有多机位夹（满足多台手机需要）	

续表

类型	设备	设备需求说明	产品图
非必要设备	补光灯	灯光建议选择冷暖日三色，直播时建议选择冷光	
	环境灯	用于直播间光线不足时对环境光线进行补充	
	声卡	特效声音，使声音更好听（娱乐主播需要购买）	
	高清摄像头和电脑	电脑端直播在同等条件下比移动端直播更清晰，摄像头推荐罗技C900系列	

注：户外拍摄还可购入手持云台、监听耳机、手机散热器、移动电源、上网流量卡等设备（在条件允许的情况下）。

实践与操作

名词解释

1. 产品策略。
2. 产品组合。

简答题

1. 直播内容的场景要素有哪些?
2. 直播间调试包括哪些内容?

实训题

项目一：以小组为单位，前往当地农贸市场，选取5～6件商品，调研其定价及定价的依据。

项目二：以小组为单位，前往当地农贸市场，选出适合直播的产品并说明理由。

第五章

乡村直播活动的实施与执行

一、主播基本素质与能力要求

乡村直播活动中的主播,指的是通过在电商直播平台进行直播活动,进行实时服务、实时销售或推荐行为的人。电商主播在直播中扮演着"催化剂"的角色,在消费者与商品之间建立起高效的联系,尽可能减少产品信息传播过程中的失真现象,增强可信度。部分头部电商主播自带流量,其粉丝群体忠诚度较高,能够转化为超强的购买力。

电商直播平台中的主播可以分为四个大类,详见表5-1。

表5-1 电商直播主播分类及特征

主播类型	特征
高人气社会/网络红人	粉丝基础坚实,粉丝活跃度高,具备一定的变现能力
关键意见领袖（key opinion leader, KOL）	对商品信息和营销方式非常了解,可以在直播过程中充当导购的角色,给消费者提供相对专业的讲解
草根主播	对个别品类的商铺有较深入的了解,具备一定的口才与表演能力,吸引观众进入观看
店铺卖家	原有的在线卖家或店主兼任主播岗位,对商品十分了解,有丰富的产品推销经验

草根主播门槛相对较低,入门简单,故建议乡村直播主播可以结合目标产品定位、自身才艺与个性特征打造人设,把成为新一代的草根主播作为自己未来发展的方向与目标。

主播的基本素质与能力要求可以总结为：一"格"、三"心"、四"力"。

（1）一"格"：

突出的个人风格：电商主播与娱乐主播不同,对于颜值与才艺的要求并没有那么高,想在众多主播中脱颖而出,突出的个人风格非常关键,在很大程度上它决定了观众是否能够记住你并成为你的粉丝。

(2)三"心":

①热心:作为主播,面对镜头时必须保持热情洋溢的状态,热烈欢迎进场观众,悉心解答疑问。

②耐心:不同时间进入直播间的观众可能会一次次问到重复的问题,主播需要一直耐心地、不厌其烦地回答类似或相同的问题。

③信心:信心主要有两个方面。一是对自己的信心,大多数新人主播的直播间会相对冷清,即使观看人数不多,也要给自己订立小目标,步步优化进步,强化自己的信心;二是对产品的信心,在解说产品时一定要充满自信,这能赋予你的解说更强的说服力。

(3)四"力":

①亲和力:电商直播的最终目的是卖货,卖货的基础是粉丝信任度,粉丝对主播的信任度越高,主播带货的转化率就越高。富有亲和力的主播能够更快建立粉丝信任,完成转化。

②毅力:粉丝积累阶段是新主播最困难的一个时期,绝大多数的新主播没能熬过这个阶段。有的主播无法坚持自言自语,有的主播面对负面的或恶意的评论无法调节好情绪,进而产生放弃的念头。新主播务必调整好自己的状态,以最大的毅力去坚持直播这份事业。

③专业能力:电商主播的本质是在线销售人员,其专业能力与普通销售在很大程度上有重合,包括良好的口才、优秀的销售技巧等。如挖掘产品能够打动粉丝的亮点来加强实惠感和运用饥饿营销加强紧迫感去激起观众的购买欲。

④应变能力:直播间的突发状况不胜枚举,高情商和绝佳的应变能力在"翻车时刻"能够挽回局面,维护直播间秩序,给观众良好的直播氛围和体验。

二、直播逻辑与基本框架

▶ 直播逻辑

直播逻辑就是消费者观看直播后产生购买行为的逻辑。因此,要了解直播逻辑就必须去思考一个问题:消费者为什么找我购买商品?

前文提到，建立消费者信任是发生转化的前提条件，而直播电商实质上是通过消费者与主播间信任关系的建立，降低消费者在搜寻、比较和测试等方面的交易成本。

1. 直播立场

目前主播主要有四大立场，详见表5-2。

表5-2 不同主播立场的优缺点

主播立场	优点	缺点
导购立场/买手立场（key opinion consumer, KOC）	站在消费者立场，替消费者买到合意的商品	专业性欠缺，对商品的使用感受具有主观局限性
明星立场/代言立场	为品牌背书、代言，自带超强流量	与普通消费者有距离感
专家立场	业界权威，代表行业话语权	与消费者当下认知存在巨大差距，不易被消费者接纳
品牌商立场	强调产品性能，对功能的介绍更加详细	忽略消费者需求

乡村直播带货的商品以农产品、农副产品等为主，商品的特殊性决定了其没有足够的实力请明星、专家为之背书、代言，而能够规模化发展并拥有自身品牌的农创企业更是少之又少，这也是乡村直播主播的价值所在——为农特产品代言（图5-1）。

图5-1 乡村直播人才

新乡村主播必须站在消费者立场，贴近消费者，了解他们的情感、需求与痛点，并告诉消费者自己的商品是如何满足他们的需求、解决他们的痛点的。

2.表述逻辑

直播过程中，消费者信任的建立主要通过实时视频展示与语言表述。建立信任的第一步，就是打破认知障碍、沟通障碍，诱导消费者产生情感共鸣，让他们感到被重视，做到与他们"有话可聊""有情可诉"，同时也可以让选品更精准、带货更有人气。

消费者需求可以分为三级（图5-2）：

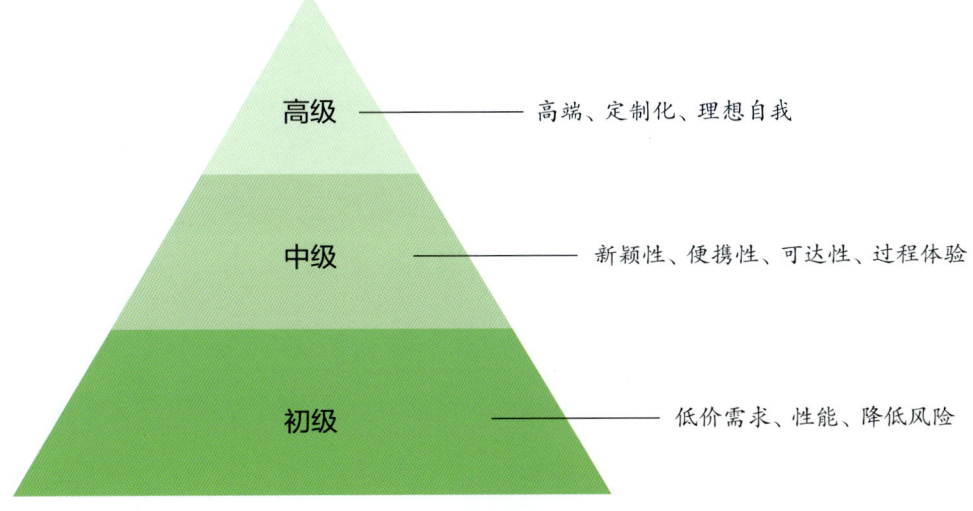

图5-2 消费者需求分级图

主播要做的就是透过初级需求看到中级需求，细心洞察消费者的高级需求，用恰当的语言帮助他们表达出来，并替他们做出选择。

基本框架

电商直播的实施与执行应该紧扣营销目的，而营销目的需要围绕预期成效进行设定。以下是电商直播的一个基本框架（图5-3）：

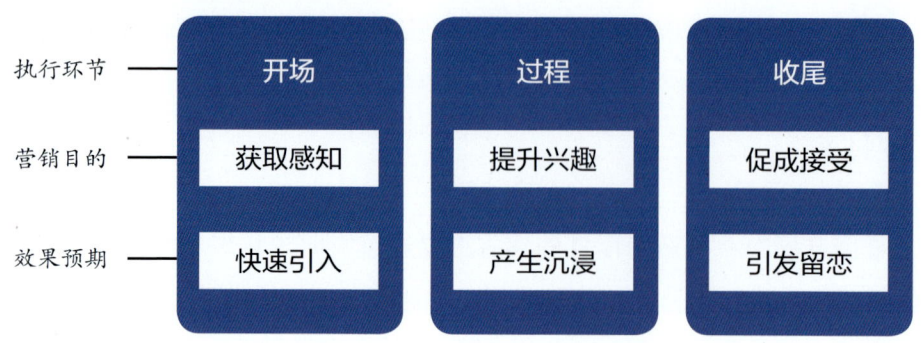

图5-3 电商直播基本框架图

开场阶段对于直播成效起到了关键作用。好的开场可以快速聚集人气，吸引粉丝关注，活跃直播间气氛。在开场阶段，也可以简单预告一下今天的带货内容和福利，对利益点进行强调。

产品介绍和报价是整场直播的主体阶段，主播需要对产品的卖点和特色进行多角度的呈现，让观众能够尽量完整、立体地了解产品。

直播收尾时，可再次强调本次直播的活动和优惠力度，通过"直播专享福利"等在一定程度上催促观众快速下单、尽快付款。

直播开场

直播开场也称直播预热。在开启直播后，陆续会有观众通过各个渠道进入直播间，这个时候主播需要做的就是引起观众兴趣、留住观众、邀请关注。

注意：在开场阶段，应念出进场观众的ID，欢迎他们进入直播间。

话术举例

欢迎来到×××直播间，点个关注不迷路，把持不住开守护！

欢迎×××来捧场，喜欢主播请点个关注！

欢迎×××回来，每次直播都能看到你，特别感谢你的支持。

有钱的捧个钱场，没钱的捧个人场，有闲的捧个留场，喜欢的捧个情场，最重要的是，给你们一个欢乐场。

热情地和进场观众打招呼,既体现出主播的礼貌,也可以让观众感受到被重视,给人留下较好的第一印象。主播对粉丝和观众的称呼也可以更加亲昵,如家人、亲人、朋友们,或是为自己的粉丝起专属的昵称,拉近与观众的距离。

在开场阶段,可以简单介绍本次直播的产品顺序,这可以让没有时间或没耐心看完整场直播的观众知道大概在什么时间回到直播间观看自己感兴趣的产品的讲解。

预热没有固定的方式方法,这里介绍几种常用套路供新主播参考,建议初期可以多多进行尝试,对比效果,选定一种引流与留客效果最好的开场方式后可以一直沿用。固定的开场形式,可以无形中在观众心中打下标签,有利于后期粉丝的经营与维护。

1. 讲故事

好的故事可以引起观众的共鸣,故事情节可以引发观众联想,使语言更富有画面感。作为乡村主播,售卖的产品大多为农特产品,而消费者大多来自城市,如果选择这种开场方式,主播可以讲述自己亲身经历的故事、产品的故事、与产品相关的人的故事、产品生产地区的故事、直播间粉丝提供的自己与产品的故事、名人的故事等等。

讲故事的方式有以下两种(图5-4):

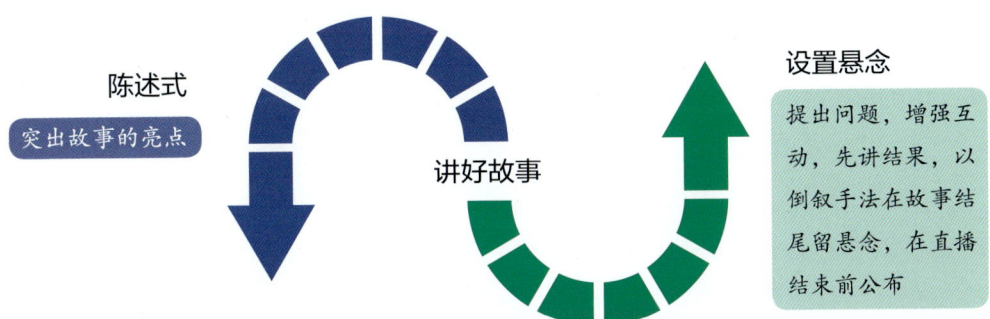

图5-4 讲故事的两种方式

讲故事的方式并不局限于开场阶段,也可以穿插在产品介绍的过程中,利用观众的共鸣促成交易。

2. 直奔主题

有的观众是"急性子",在进入一场直播后会急于了解这场直播到底会带给他们什么。针对这类人群,直奔主题可以更快地帮助他们判断自己是否需要继续观看直播,精准吸引住对主题感兴趣的观众,能够提高潜在购买率。

此外,直奔主题的方式非常适合在直播时间紧凑的情况下使用。例如,某场直播只有一个小时的时间,但在这段时间内需要完成对多个产品的介绍,那么直奔主题就是最节约时间的开场方式。

即便是直奔主题,也务必要以热情洋溢的姿态与进场观众打招呼,用充沛的感情带动直播间的气氛。

直奔主题的开场方式可以运用"3W"基础公式(图5-5):

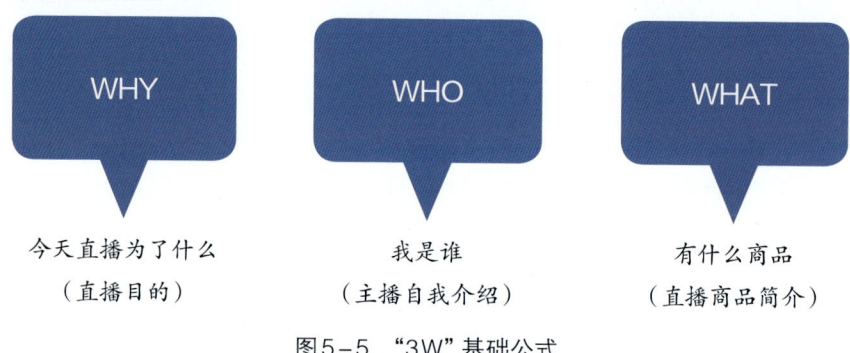

图5-5 "3W"基础公式

采用直奔主题的方式,需要主播时刻保持热情,用自己的激情去感染观众,调动观众积极性并最终促成交易。

3. 互动开场

直播与普通网购相比,消费者与卖家能够形成更好的连接与互动,这种互动可以增强粉丝参与度、提高直播间观众的留存率;频繁的良性互动可以快速建立信任,使观众更愿意为产品买单;及时的问题反馈与解答可以提高观众好感度。

前文已经提到了主播应与进入直播间的观众打招呼。互动开场,就是在此基础上建立更多的互动。在直播间观看人数很少的时候,为了提高留存率,可以通过一些互动,如围绕观众的ID展开话题或开一些善意的小玩笑,让观众感到自己被主播重视、关注，产生"中奖"的感觉，能让观众在直播间多留一段时间。

此外，也可以设计一些问题。

话术举例

来到直播间的伙伴们，你们都是哪里人呀？
今天你们那里的天气怎么样呀？
你们今天对什么东西比较感兴趣呀？

（1）设计线上游戏（如竞猜）。

竞猜可以增加观众在直播间的参与度，提高互动率。

（2）教学环节。

设计教学环节可以让观众在观看直播的过程中了解产品的优点，并产生购买欲。同时，技术性的教学环节能够吸引粉丝关注。

不管采取哪种互动方式，都可以顺口邀请观众关注主播、给主播点赞。

话术举例

关注主播不迷路，带你吃遍特色美食。
喜欢我的手艺，想跟我学做菜，不妨点个关注。
关注我，更多宠粉福利等你们。
关注我，每周日带你云游农家乐。
请各位家人多多点赞，多多评论，你们的支持是我坚持直播的最大动力。

（3）抽奖开场。

抽奖互动是增加直播互动和提高直播间热度最直接、最简单、最有效的方法，这种互动方式不仅可以用在开场，也可以穿插在整场直播过程中。

有的大主播开始直播后马上就预告抽奖，以抽奖方式吸引观众观看，通过设置抽奖资格门槛、开奖条件等留住观众，在活跃直播间气氛的同时，增加观众参与度，提高互动率。把抽奖作为固定的开场方式，会吸引老客户关注直播，即使没有购买需求，也会蹲点观看直播，到直播间凑热闹、等待抽奖，提高直播间的人气。

抖音禁止口播抽奖，未来各种抽奖形式可能都会被禁止。但是，可以用福袋方式为观众发放福利。

抖音福袋使用教程

进入直播间 → 点击"互动玩法"→"福袋"→"自定义奖励"→自定义编辑"福袋信息"→点击"下一步"→"输入口令"→"发起福袋"→提交审核。

对于福袋标题、福袋个数、倒计时、参与范围、参与方式，主播可根据实际情况自由配置。

在选择这种方式时，要注意奖品的选取。奖品最好是爆款或者新品，一方面其认知度和熟识度高，更具有吸引力，另一方面也可以让观众感受到主播的诚意。

注意：不要一次性把奖品抽完，要把奖品和福利设置在直播的各个环节里，让观众有期待感，提高直播间观众留存率。

产品介绍与报价上架

在这个阶段，切记不要马上报价，在前期注重产品的介绍，用生动诙谐的语言引起观众对产品的兴趣，设置一个对高品质产品的期望，这样报价后观众会感到物超所值，认为直播间确实价格实惠，为观众带来了福利。

1. 产品介绍

产品介绍应该从多个维度进行，从观众角度出发，明确告知观众产品将如何解决其痛点。

（1）品牌或产品背后的趣事、历史故事。

在前文介绍开场方式时，已详细介绍如何讲一个故事，这里不再赘述。

（2）产品特点。

新主播可以在田间地头等具有乡土气息的场所进行直播，一来可以减轻自己的紧张感，二来可以让消费者看到农产品的生长环境，更容易建立消费者信任。

在直播售卖农特产品时，产品特点的介绍非常关键。此处产品特点介绍的重点是产品的卖点。主播需要从多方面、多角度挖掘农特产品的卖点，在进行卖点挖掘时，可以使用枚举法，在纸上一一列出可以证明产品品质上乘的关键词。

关键词可以分为以下四类，详见表5-3。

表5-3 关键词分类表

关键词类型	举例
品质类	有机、天然、绿色、零污染、野生、非转基因
产地类	高山种植、土质适宜、雨水丰沛
外观类	颜色鲜亮、有食欲、皮薄肉多
口感类	酸甜可口、鲜味十足、口感饱满

（3）产品对比。

与同类型产品的对比可以突出欲推销产品的品质或性价比。进行对比时，可以用幽默的方式进行，增加直播的可看性与趣味性。

注意：对比过程中应避免提及竞品品牌，只针对产品类型或特性做出比较。

（4）互动答疑。

直播带货相比传统网购最大的优势就是实时互动性。因此，在介绍产品的时候也应该实时关注评论区的留言，及时解答观众提出的问题。

主播在直播准备阶段，就应该结合自身经历，列出观众可能提出的较为棘手的问题，并针对问题给出一个合理且得体的解答。如能机智地回答出"鸡蛋里挑骨头"的问题，不仅能为直播效果加分，还能提升观众的好感度，吸引观众关注。

2. 报价上架

在完成一个产品的介绍后，应对其进行报价与上架。在报价时可以限时限量，突出产品物超所值，让消费者感受到实惠。上架时可运用饥饿营销，造成紧迫感，使消费者尽快下单抢购。

> 抢到就是赚到！秒杀数量有限！先付先得，最后2分钟！最后2分钟！
>
> 已经下单的请赶紧付款，不然订单过时会自动取消，把好的产品留给咱们真正需要的顾客！
>
> 现在在直播间下单才有八折的优惠福利，直播结束就恢复原价！

每次报价上架后，可以实时播报已下单数量和库存情况，诱导消费者下单。在报价时，不必追求超低价格，过分强调低价容易造成品牌价值的下降和粉丝群体的低质化，从长远来看并无好处。

另外，也可以采用阶梯报价。设置一定的条件，邀请观众完成任务来获取更加优惠的价格。例如，鼓励观众给主播点赞，累计达到一定数量的赞，就可以享受一定的折扣，赞越多，价格越优惠。

根据实际情况，可以将期望售出的库存分多次上架，快速售空的库存可以让消费者认为商品紧俏、库存不多，从而尽快下单。

注意：抖音直播不能引导观众给短视频点赞！

直播收尾

直播进行到最后，除了引导观众下单、付款，一定要对观众表示感谢。针对果蔬等生鲜产品的特性，可以强调售后服务，如坏果包赔等。

在收尾阶段，可以预告下次直播的时间和大致内容，提醒还没有关注主播的观众加关注以防收不到直播通知，鼓励收货后觉得好的观众分享主播的账号。

话术举例

还有20分钟就要下播吃饭啦,非常感谢关注的家人们和送礼物的家人们,谢谢大家!

家人们,今天的直播马上结束!还没点关注的记得点一下关注!下次直播会有预告!

主播最后给大家唱首歌,咱们就下播啦,喜欢我的家人们记得关注一下!

下不下单不打紧,来我直播间最重要的就是开心。不管您买不买东西,都欢迎来我的直播间做客!

实践与操作

1. 直播立场。
2. 主播岗位。

1. 介绍产品的第一步是(　　　)。

   A. 让消费者相信我说的都是真的

   B. 洞察消费者的情感、需求与痛点

   C. 建立消费者信任

   D. 罗列产品有哪些卖点

2. 主播在直播间的影响力,体现在(　　　)。

   A. 主播的提议获得的响应人数上

B. 直播间的转发分享数量上

C. 直播间的财富收入额上

D. 直播间的点赞数量上

3. 在直播过程中，主播和粉丝的关系是（　　）。

　　A. 服务与被服务的关系

　　B. 主播销售方和粉丝消费者的关系

　　C. 粉丝领导与主播被领导的关系

　　D. 粉丝为上级和主播为下级的等级关系

4. 针对"3号宝贝，主播可不可以试吃一下"这个问题，主播最恰当的做法是（　　）。

　　A. 提醒观众看信息牌以及留言加关注

　　B. 围绕这款产品进行有针对性的讲解

　　C. 耐心引导和讲解

　　D. 安抚粉丝情绪

5. 提升店铺直播技能的方法有（　　）。

　　A. 多练习、多总结、多观摩头部主播、学习电视购物

　　B. 学习自媒体平台的运用，平台可能会换，但方法都有延续性

　　C. 营造良好的店铺直播氛围，举行动员会，树立榜样，制定考核指标等

　　D. 以上都是

6. 主播的具体开播时间点，主要依据（　　）来决定。

　　A. 主播的粉丝空闲时间段　　B. 主播的空闲时间段

　　C. 观众看直播的黄金时间段　　D. 主播的心情状态

7. 主播为了保持粉丝对直播间的新鲜感，最重要的是主播要（　　）。

　　A. 对直播内容进行笑点设置　　B. 对直播内容进行连贯性设置

　　C. 对直播内容进行不断创新　　D. 对直播内容进行悬念设置

8. 直播间运营时主播和观众间会出现各种矛盾，解决问题时一定要（　　）。

　　A. 邀请粉丝参与解决　　　　　　B. 邀请第三人介入解决

　　C. 交给第三方解决　　　　　　　D. 亲自参与解决

9. （　　）是主播在直播过程中的根本要求。

　　A. 连贯性　　　　　　　　　　　B. 趣味性

　　C. 真实性　　　　　　　　　　　D. 创新性

10. 观众在观看直播时，其观看主播的外在形象中，（　　）是观众花费最长时间所看的内容。

　　A. 主播的脸上表情　　　　　　　B. 主播的手上动作

　　C. 主播的腿上动作　　　　　　　D. 主播的穿着打扮

多选题

1. 直播间进行产品介绍的注意事项有（　　）。

　　A. 逻辑清晰，重点内容反复强调

　　B. 不断重复，强调直播间的价格优势

　　C. 不断向观众更新补货信息和购买链接

　　D. 介绍的不仅是产品，还有销售方案

　　E. 提前设定好脚本结构与节奏

2. 直播间体验式产品介绍的方法有（　　）。

　　A. 直播间布置的场景化

　　B. 产品组合搭配、陈列

　　C. 主播代为试用、试吃

　　D. 销售道具，即产品模型、半成品的应用

　　E. 提炼真实的销售案例，并提前做好准备

3. 赢得消费者信任的方法有（　　）。

A. 不是"亲测好用"的，也可以上架

B. 用一些话术打消观众对产品的顾虑

C. 给出专业的消费意见

D. 劝观众盲目购物

E. 在产品原产地进行"田间地头"的直播

 实训题

项目一：直播开场。

参考资料：开化龙顶茶。

开化龙顶茶，是浙江省开化县特产，为国家农产品地理标志认证产品。开化龙顶茶产于浙江省开化县齐溪乡的大龙山、苏庄乡的石耳山、溪口乡的白云山，其中，白云山为主产区。

开化龙顶茶成品外形紧直挺秀，芽叶成朵，香气馥郁持久，有兰花香或板栗香，尤以兰花香为上品，滋味鲜醇爽口，回味甘甜，汤色杏绿、清澈、明亮，叶底肥嫩、匀齐、成朵，耐冲泡。干茶翠绿、汤水清绿、叶底鲜绿，为开化龙顶茶的主要特征。

开化龙顶茶具有香高持久、鲜醇甘爽、杏绿清澈、匀齐成朵的独特风格，置入杯中后，载沉载浮颇为生动。开化龙顶茶泡开后不但色绿、汤香，更绝的是片片茶叶立于杯中，有"杯中森林"的美誉。

开化龙顶茶具有独特的制茶工艺。具体说来，就是在清明至谷雨前，选用长叶形、发芽早、色深绿、多茸毛、叶质柔厚的鲜叶，以一芽一叶或一芽二叶初展为标准，经采摘、摊青、杀青、理条、搓揉、烘干至茸毛略呈白色，100℃斜锅炒至显毫，再烘至足干而成，从而造就了"三绿"（干茶翠绿、汤水清绿、叶底鲜绿）和"三绝"（香高持久、味甘爽口、形体竖立）的特色，又以其干茶的"针形"成为中国针形绿茶的代表，同扁形绿茶的代表——西湖龙井一起，被业内专家并称为中国绿茶的"两朵奇葩"。

实战演练：假设您要直播销售开化龙顶茶，请根据上文内容完成下列任务。

1. 选择一种合适的直播开场方式（讲故事、直奔主题、互动），并阐述这种开场方式有哪些优点。
2. 用选择好的开场方式，试着写一段开场白。
3. 请声情并茂地演绎这段开场白。

项目二：产品介绍。

参考资料：马金豆腐干。

马金豆腐干属于藏制豆腐的一种，其制作源于何时无从考证。

开化马金地处高山，平均海拔高，光照时间长，常年无雾气，产出的黄豆蛋白质含量高。马金豆腐干含有大量蛋白质、脂肪、碳水化合物，富含钙、磷、铁等多种人体所需的矿物质。产品均为手工现做，无防腐剂，保质期短。其食用方式多样，可做冷盘，也可搭配青红辣椒爆炒。

实战演练：假设您要直播销售马金豆腐干，请根据上文内容完成下列任务。

1. 撰写一段马金豆腐干的介绍话术。
2. 请声情并茂地演绎这段讲解。

第六章

乡村直播的客服技巧

一、抖音移动端客服后台的使用说明

首先下载"抖店-商家移动工作台"App，并按照操作指示登录（图6-1）。

图6-1 下载并登录抖店-商家移动工作台App

个人信息设置

个人信息包括客服昵称和头像，消息提醒设置在"通知设置"页面，请务必打开，保证可以及时收到新消息提醒，避免遗漏消息（图6-2）。

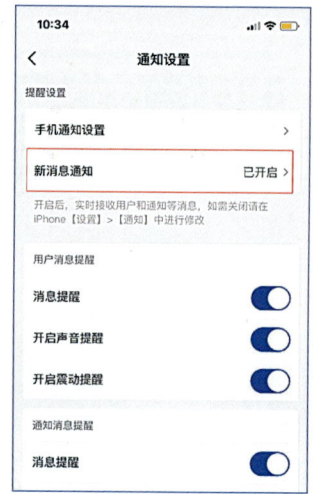
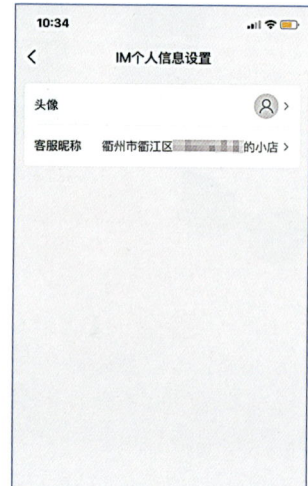

图6-2 消息提醒和个人信息设置页面

客服状态设置

客服共有三种状态:

(1)在线:客服正常的工作状态,可以接线新用户。

(2)小休:该状态下新用户不会进线,会话中的用户可以正常服务。

(3)离线:客服下线状态,无法服务用户。如果客服正在受理用户咨询,是不允许设置为离线状态的。

可以在"消息"页面点击左上角头像,设置客服状态(图6-3)。

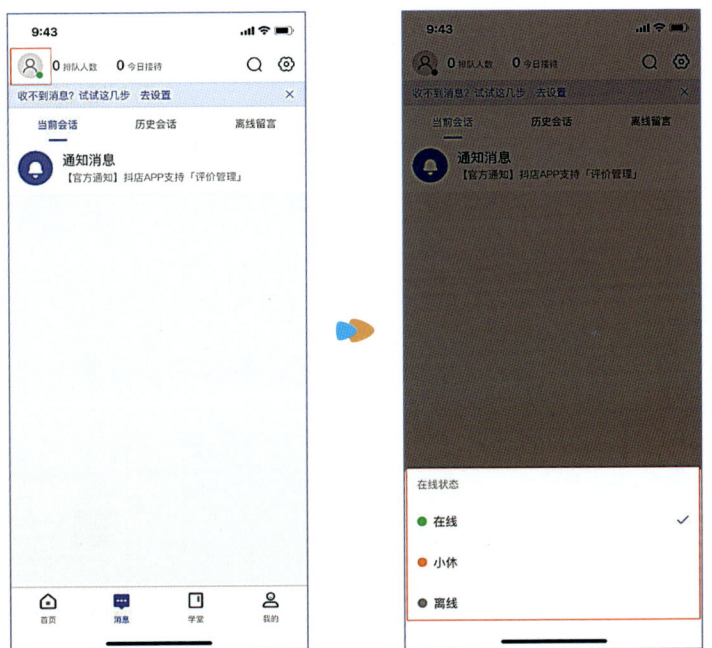

图6-3 客服状态设置页面

接待人数设置

接待人数即为该客服同时最多可以接待的咨询量。接线量上限为999,即该客服最多可同时接待999位用户,可近似认为所有用户自动接入人工客服,无排队等候(图6-4)。

图 6-4 接待人数设置页面

🎧 在线客服设置（当前会话）

（1）在线客服设置主要是快捷短语设置，快捷短语设置中的开场语设置是必需的。开场语包括会话接入和客服欢迎语两个部分，前者为用户接入人工时的提示，后者为向用户展示的欢迎语，由系统自动发送，提升商家响应效率和消费者感知度（图6-5）。

注意：会话接入和客服欢迎语为系统自带，无须后台设置。

 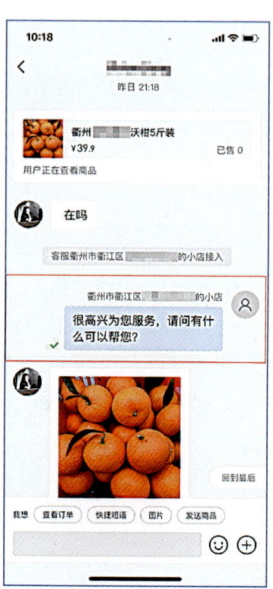

图 6-5 会话接入和客服欢迎语

（2）其他需要添加、编辑的快捷短语请使用网页版或PC版飞鸽IM进行编辑设置（图6-6）。

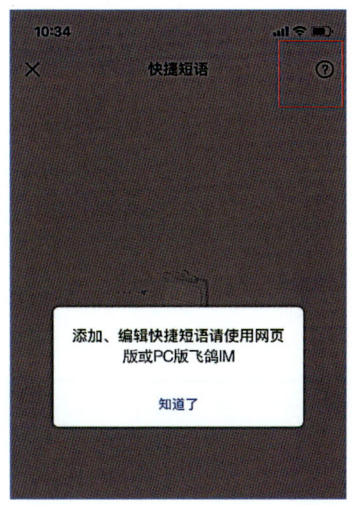

图6-6　添加、编辑快捷短语

🎧 离线留言

1.离线留言是什么

用户咨询时无客服在线，用户信息会进入离线留言；全体客服忙，用户因排队时间过长而主动离开，用户信息也会进入离线留言。

可以在"消息"页面点击右上角图标，再点击"离线留言设置"，对离线留言进行设置（图6-7）。

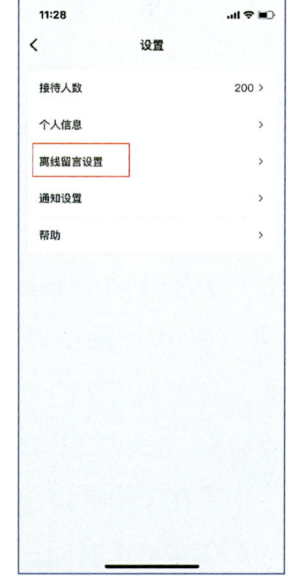

图6-7　离线留言设置页面

2.离线留言如何处理

（1）离线留言系统自动处理：打开自动处理开关，系统会在客服在线且空闲时，自动分配7天内待处理的离线留言（图6-8）。

图6-8 设置离线留言自动分配

（2）离线留言主动处理：支持客服主动处理。

①针对无效留言，客服可直接标记为已处理。

②针对有效留言，客服可在输入框内回复，主动回访用户。

③超过30天未被处理的离线留言，会自动标记为已处理。

（3）如何减少离线留言量：若用户在每日的8：00—23：00进入离线留言，会影响店铺的考核指标——3分钟响应率。若用户在其他时间段进入离线留言，则不影响考核，正常处理即可。

①在工作时间，保证客服状态为在线。

②在工作时间，若店铺客服接入处于排队状态，请及时增加客服人力，或者调整最大接待量，优先处理排队用户，不要让用户因等待过久而离开。

二、乡村直播客服技巧与话术

农产品客服基本话术

农产品客服基本话术详见表6-1。

表6-1 农产品客服基本话术表

快捷短语分组		话术
问候	开场问候	您好，欢迎光临×××抖音小店，客服小农很高兴为您服务/客服小农正在为您服务/有什么可以帮您的呢
		您好，客服在的呢，感谢光临×××抖音小店，有什么能帮您的吗
物流	快递	快递默认顺丰包邮，正常情况下发货后2~3天到货。因本店果子均为原产地直发，收货地为黑龙江、吉林、云南、海南的每箱需补10元运费差价，收货地为新疆的每箱需补20元运费差价
	查询物流	亲，打开链接后输入您的订单号就能查看物流啦（此处可附查询链接地址）
	发货时间	亲，付款后一般在1~2个工作日发货（预约配送订单除外），活动期间可能会稍微慢一些，发货后有短信通知，具体以短信通知为准，请您保持电话畅通
	到货时间	亲，下单页面会有预计到达时间，付款后您也可以点击订单详情查看预计到货时间，具体以快递公司信息为准，偏远地区或受恶劣天气等因素影响，到货时间会延后几天，请您理解
		亲，正常情况下发货次日起1~2个工作日可为您送达，具体看距离远近，如遇特殊天气导致机场及公路关闭可能会有所延误，请您理解
	收货问题	由于鲜果保质期短，长时间运输可能产生质量问题，拍下后请核对收货地址，如由个人原因（地址错误、无人签收、关机、停机、不接电话）导致快递派送时无法送达，造成送货延迟而导致水果腐烂损坏的，不予赔偿

续表

快捷短语分组		话术
物流	地址提醒	亲,下单前请务必核对收货人姓名、地址、电话(有效联系方式),所有信息都默认以您拍下的订单为准。电话号码务必是有效的,地址须完整填写,否则无法匹配发货
	签收提醒	签收须知:果品如有破损或腐坏,您可以拒签并在12小时内联系售后客服,便于帮您及时处理
	无货	亲,可以拍下的选项均有货,可直接购买,选项显示灰色表示库存不足
产品参数	产品描述	小店果子均为产地直采,纯天然,无污染,无农药残留,肉质软嫩细腻,果肉多汁,从舌尖甜到心头
	包装	个性化独立蛋托设计,抗震、防摔、美观、大气,真空独立包装,健康安全
询单跟进	催付款	您好,我是×××抖音小店客服小农,看到您的订单还未支付,我们的果子品质好,销售周期短,喜欢就赶紧下单,有问题可随时联系店内客服
	库存紧张	亲,在吗?看到您在我们小店拍下的订单还未支付,客服小农看到后台库存紧张,需要的话请及时支付,有任何问题都可以随时联系我
顾客等待	未上线	当前暂无客服在线,客服上线后会给您回复
	刚上线	亲,实在抱歉,客服小农刚上线,看到其他同事已经接待您了,就不多打扰了,如果还有其他问题,欢迎您随时联系我
	爆号	亲,非常抱歉,现在正值咨询量高峰期,还请您耐心等待,客服正在努力往这儿赶,请见谅
		亲,很抱歉,现在咨询量较大,请耐心等待,有问题请直接留言,我看到后会第一时间回复您的
结束语	结束语句	亲,感谢您对×××抖音小店的支持,期待您的再次光临,祝您购物愉快

续表

快捷短语分组		话术
结束语	结束语句	我们会尽快给您安排发货，请您在收到货后先检查，如有破损请勿直接签收，如有其他问题请及时联系我们
售后问题	坏果赔偿	如果出现坏果，请在签收快递后24小时内，将坏果和快递面单的合照发给售后客服，售后客服将会根据坏果比例进行及时赔付；如果坏果表面腐坏不明显，可以切开拍照，我们也会及时赔付
		如果出现坏果，请在24小时内联系我们并拍摄坏果照片，以包裹和订单作为背景，保证图片清晰。我们会按照坏果个数计算重量后按其所占发货重量比例赔偿（或按个数赔偿）
	收货问题	由于鲜果保质期短，长时间运输可能产生质量问题，拍下后请核对收货地址，如由个人原因（地址错误、无人签收、关机、停机、不接电话）导致快递派送时无法送达，造成送货延迟而导致水果腐烂损坏的，不予赔偿
		因未核实收货地址而无法正常签收导致的丢失、破损不在售后理赔范围内，购物前请核实准确收货地址及个人联系电话
	重量误差	果子从发货到收货过程中会有水分流失，误差一般在××克左右，所以在此范围内的重量误差属于正常现象，不在售后范围内
	数量问题	鲜果以数量为主，因大小不同，重量略有差异，请勿因重量不同申请售后，本链接按数量销售
	口感问题	果子会因采摘时间、种植区域、成熟度、光照等因素，出现酸甜度前后略有差异的现象，同时对于口感的评价也因人而异，因此，此现象不作为售后问题处理，介意慎拍
	品种问题（以徐香猕猴桃为例）	猕猴桃种类繁多，本链接为徐香猕猴桃，口感香甜，果肉细腻。徐香猕猴桃均为自然生长，大小不一，表面有些许晒斑或划伤，不影响食用，介意慎拍

续表

快捷短语分组		话术
售后问题	其他问题	对于区域跨度大的地区或偏远乡镇,配送时效无法保证,如您在无法派送的地区以及容易发生冻害的寒冷地区,不建议下单,如坚持下单后出现售后问题,则不在卖家的赔付承诺范围内
发票问题	查询电子发票	亲,您可以根据订单编号、手机号、验证码查询电子发票(此处可附查询链接地址)
	电子发票抬头	亲,目前我们默认开具的是电子发票,抬头下单后无法修改,如您有特殊需要,在提交订单前可以在发票信息处点击修改发票抬头
	查验发票真伪	亲,如您想要查验发票真伪,可通过"国家税务总局全国增值税发票查验平台"进行查验
	电子发票	亲,我司发票分为两类:一类是电子普通发票,在订单交易成功后1~2个工作日陆续开具,开具后可以在订单或支付宝发票管家里下载打印;另一类是增值税专用发票,如您需要增值税专用发票,请在订单的所有产品发货前告知客服备注,我们将在订单完成交易后7个工作日开具发票并寄出(提示:月末4天,月初2天不开票)

🎧 客服案例展示(以开化汽糕为例)

客户:在吗?

客服:欢迎光临小店,本店开化汽糕每天现做现发。我是客服娜妮,很高兴为您服务。

客户:你们的产品是手工做的还是机器做的?

客服:亲,本店产品均为纯手工制作,现做现发。

客户:有几种口味?

客服:五种口味,包括全肉、萝卜丝肉、豇豆干肉、香干肉、木耳肉,荤素皆有。

客户:口感如何?

客服：开化汽糕制作工艺十分讲究，对水质和环境的要求也很高，汽糕经过泡米、磨浆、发酵、蒸熟等多重工序，吃在嘴里，柔软又富有弹性，味道可口。

客户：蔬菜口味可以定制吗？

客服：亲，小店目前只支持现有的蔬菜混合口味，不支持指定蔬菜口味的定制。

客户：包装如何？

客服：亲，产品都是分袋独立真空包装的。

客户：你们发的是什么快递？

客服：只支持顺丰。因为我们的产品都是纯手工现做的，必须保证次日达。若要发其他快递，可能会延误导致腐坏，小店不能理赔！

客户：是包邮的吗？

客服：江浙沪两笼包邮，发顺丰。

客户：（已下单提醒。）

客服：（发送确认订单地址链接。）

名词解释

开场语。

实训题

两人为一组，甲为顾客，乙为客服，以销售开化龙顶茶为例，模拟一段直播间客服和顾客的对话。

第七章

乡村直播的复盘与提升

直播复盘指的是对刚结束的直播环节组织观看，针对其中的漏洞与失误，结合销售数据，找到新思路、新方法与新对策，并进行总结。直播复盘能够不断提升整个直播间的综合转化数据，使下一次直播效果更好，更有号召力、感染力和销售力。

直播复盘小技巧：对于抖音而言，由于没有直播回放，录播是一种非常好的复盘形式。录制整个直播过程，在直播结束后花一定时间与团队一起观看、分析主播和团队其他成员在直播期间做得好的地方和有待改善的地方。

一、直播复盘的核心思路

直播复盘主要从主观地发现问题和客观地发现问题两个角度进行复盘。

主观地发现问题

主观地发现问题，即下播之后回顾流程，梳理出本场直播的优点和不足之处。通常可从"人、货、场"三要素出发对各环节进行复盘。

首先是"人"，即团队人员的复盘。完整的直播团队一般由主播、助理、场控、运营、选品、客服六大岗位组成，不同岗位人员的复盘内容会有所不同。主播需复盘直播过程中的脚本问题、话术问题、产品卖点掌握情况以及控场情况等。助理需复盘商品上下架情况、直播设备、与主播的配合情况等。场控需复盘直播中的热度、实时目标关注等。运营需复盘预热视频或引流视频的准备和发布情况、付费投放金额时间合理性等。选品需复盘本场直播对商品的选择合理性，利润款、引流款、福利款产品设置的搭配合理性。客服需复盘直播过程中活动福利说明到位情况，以及对于粉丝提问的回答情况等。

其次是"货"，即货品的复盘。货品复盘可以从直播间的选品逻辑和货品过款流程安排的合理性两块内容进行梳理。关于直播间的选品逻辑，需思考引流款、利润款、主推款三款货品的分配和上架时间的合理性，有无优化改进之处。关于直播货品流程的安排，则需注意货品适合循环型的还是过款型的流程。

最后是"场",即直播间场景的复盘。直播间场景的复盘包括场地布置是否合理、直播间背景是否到位、有无曝光、直播间灯光是否合适、直播设备是否准备到位、商品陈列是否整齐合理等。

客观地发现问题

客观地发现问题,即利用直播产生的客观数据做直播复盘。一般有两种渠道产生的数据可供参考:一是抖音直播单场数据,适用于任何直播复盘;二是抖音电商罗盘数据,抖店罗盘是平台助力各类型商家有效经营抖店提供的数据产品,更适用于带货直播复盘。本书将分别介绍直播单场数据和抖音电商罗盘数据的复盘。

二、直播单场数据的复盘

具体操作步骤

打开抖音App,在底部选单点击"我",然后点击右上角图标,选择"创作者服务中心",再点击"主播中心",就可以查看单场直播数据了(图7-1)。单场直播数据主要分为两部分:直播的基础数据和本场直播的观众来源(即流量来源)。

步骤1

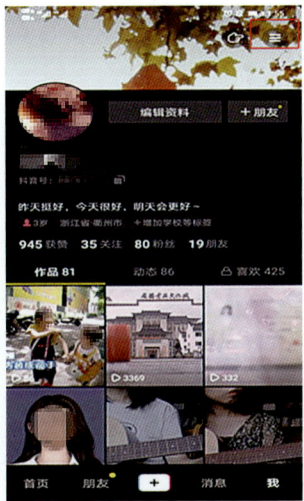
步骤2

图7-1 查看单场直播数据流程图

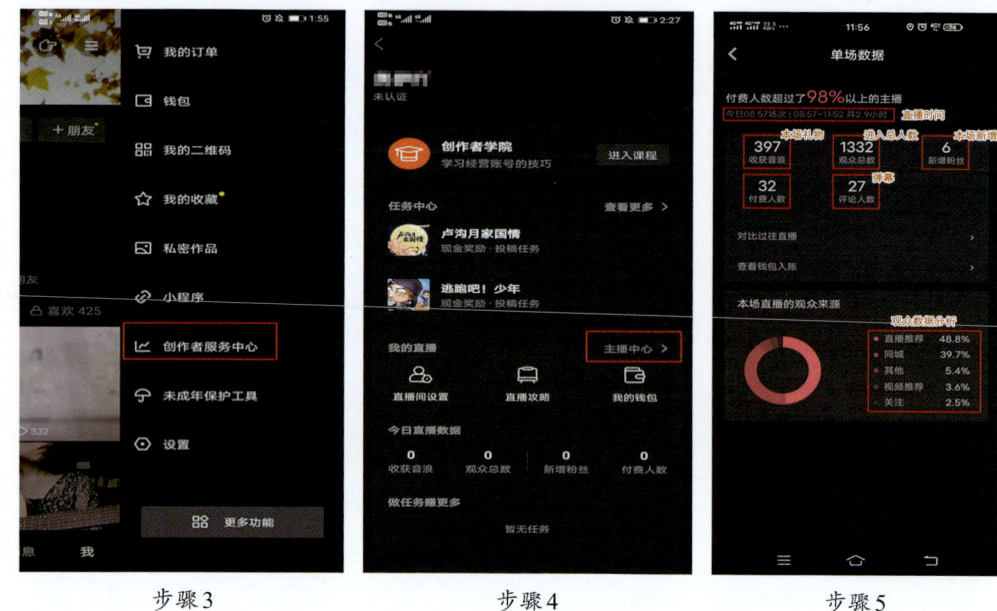

图7-1 查看单场直播数据流程图（续）

直播基础数据分析

直播基础数据包括：观众总数、新增粉丝、付费人数、评论人数、收获音浪。

观众总数指正常直播中所观看的人数，它决定了直播间所在流量池等级，是决定直播间流量的关键指标。观众总数越多说明在这批观众中产生的流量就越高，当然，直播间也需要有承接流量的能力。

新增粉丝指直播期间关注了直播账号的人数。直播间转化新粉的能力主要通过新增粉丝占比（新增粉丝/观众总数）衡量。在直播推荐打开的情况下，若新增粉丝占比高于5%，说明本场直播转化新粉的能力较强，对新进直播间用户的吸引程度较高。若单场直播新增粉丝占比低于3%，说明对陌生用户的吸引力不大。

付费人数指愿意为直播内容进行付费的人数，送出粉丝团灯牌以及其他抖币礼物的用户都算付费用户。另外，带货直播间付费数据一般参考性不大。

评论人数指在直播间留言评论的观众人数，代表了直播间用户的互动情况，是影响直播间人气的关键因素。直播间互动情况可通过评论互动率（评论人数/观众总数）衡量，若评论互动率高于10%，说明直播间互动性较好，人气较高；若评论互动率低于5%，说明直播间互动性较差，人气较低。

收获音浪指直播间收获的音浪总数。若是娱乐直播间，收获音浪越高越好；若是带货直播间，一般音浪收入普遍不高，不做参考。

直播观众来源分析

直播观众来源（即流量来源）包括：直播推荐、其他、关注、同城、视频推荐。先了解直播间的流量到底是从哪里来的，然后根据数据去优化和有针对性地改进。

（1）直播推荐指直播广场免费推荐流量。一场直播要做好的话，则需打开直播推荐流量，若没有直播推荐流量，总体场观会很少。直播推荐流量分为两种：极速流量和慢速流量。直播推荐流量一般高于60%为及格。可以利用直播间内容吸引力指标和商品转化率指标等撬动直播推荐流量。

（2）其他指通过巨量千川投放直播间，小时榜、PK连麦、粉丝分享等外部引流多种方式进入直播间。

（3）关注指通过粉丝推荐和关注页面进入直播间。

（4）同城指通过同城推荐进入直播间。

（5）视频推荐指通过自己视频推荐、他人引流推荐或巨量千川选择视频加热直播间。视频推荐包括免费流量和付费流量。

在直播观众来源数据中直播推荐和视频推荐较为重要，是直播盈利的关键，故在直播复盘时应重点关注。直播推荐和视频推荐所获得的流量越多，说明公域流量获得的越多。当直播流量来源中推荐流量占比较高时（50%以上），转化新粉比例较低是正常现象，因为推荐而来的流量一般不精准，所以涨粉率低。

三、抖音电商罗盘数据的复盘

具体操作步骤

打开抖店网页并登录,点击"电商罗盘"即可进入主页(图7-2)。抖店罗盘主要包含十大功能:首页分析、直播分析、短视频分析、营销分析、店铺分析、达人分析、商品分析、人群分析、服务分析、物流分析。本书将主要介绍如何做好首页核心数据和直播间详情的复盘。

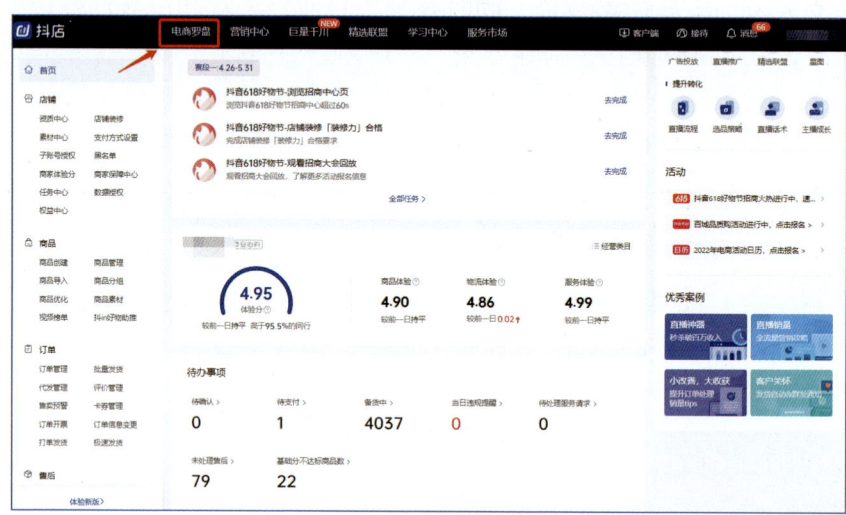

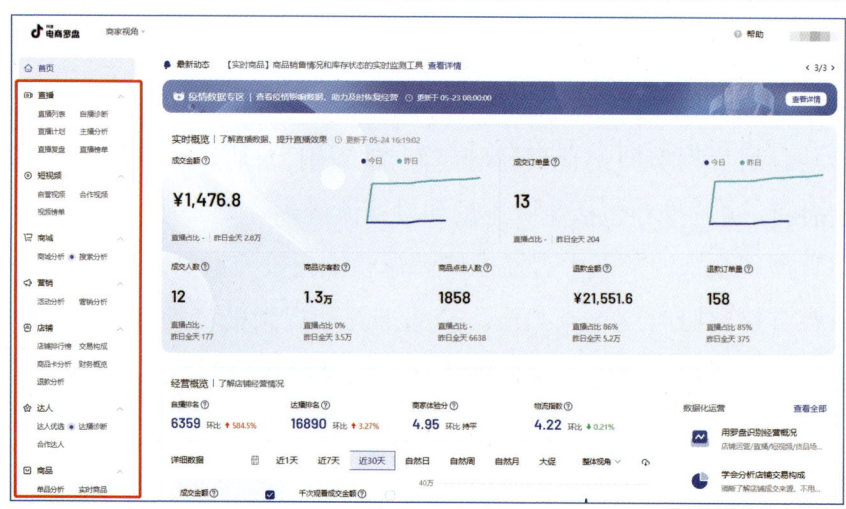

图7-2 抖店罗盘页面

首页核心数据分析

首页核心数据可以帮助商家直观快速地获取更多关键数据信息，整体围绕店铺经营、实时直播两大场景，分为四大模块：实时概览、正在直播、经营概览、成交渠道分析。

1. 实时概览（图7-3）

实时概览能够帮助商家直观地了解当日整场直播的成交金额、成交订单量、成交人数、商品访客数等，同时查看当日成交金额和成交订单量中的直播占比、昨日全天数据用于对比分析。一般在高峰时间段正常直播流量最大，建议在该时间段售卖利润款产品。

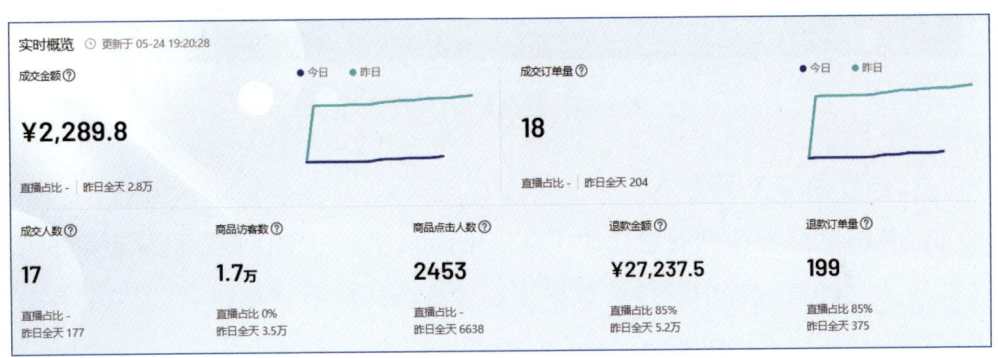

图7-3 实时概览页面

2. 正在直播（图7-4）

正在直播可以实时获取最新动态和关键数据，包含三个核心指标数据：直播间成交金额、直播间观看人数、上次直播成交额。另外，点击"大屏"可跳转至"直播大屏"查看实时画面和数据。

注意：仅在商家访问首页且官方账号正在直播时，"正在直播"模块才可见。

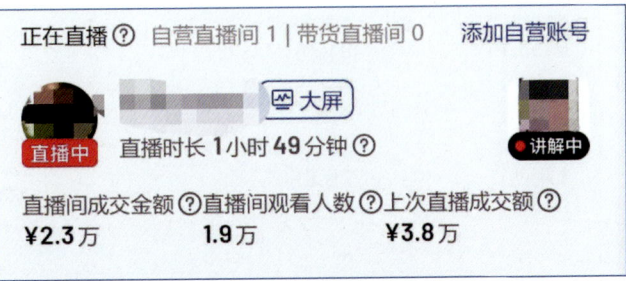

图7-4 正在直播页面

图7-4　正在直播页面(续)

3. 经营概览(图7-5)

经营概览能够帮助商家快速了解店铺经营情况，整体展示商家近期的综合竞争力。经营过程中的核心数据指标包括环比昨日自播排名、达播排名、商家体验分和物流指数变化。

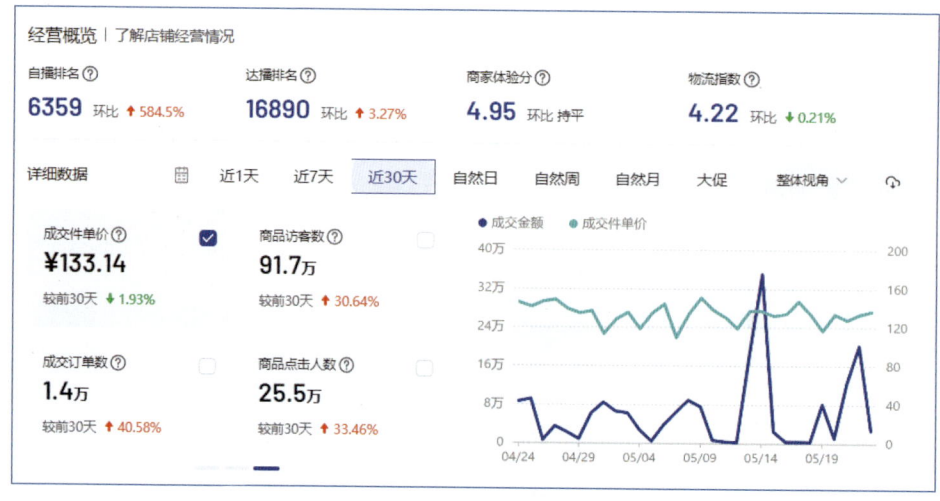

图7-5　经营概览页面

4. 成交渠道分析（图7-6）

成交渠道分析从带货类型（自营、带货）、成交渠道（直播、短视频、商品卡）、成交账号（官方、渠道、联盟）三个维度进行拆分，旨在帮助商家找到各渠道成交主力。此外，商家还能查看某段时间内的成交金额趋势和总流量趋势，了解近期的经营状况。多维下钻分析分别从直播、短视频、商品卡、人群（详情建设中）四个维度进行深度分析，点击"查看详情"可分别跳转至直播复盘、自营视频、商品卡分析。

注意：成交渠道分析只包含抖音、火山端的数据。

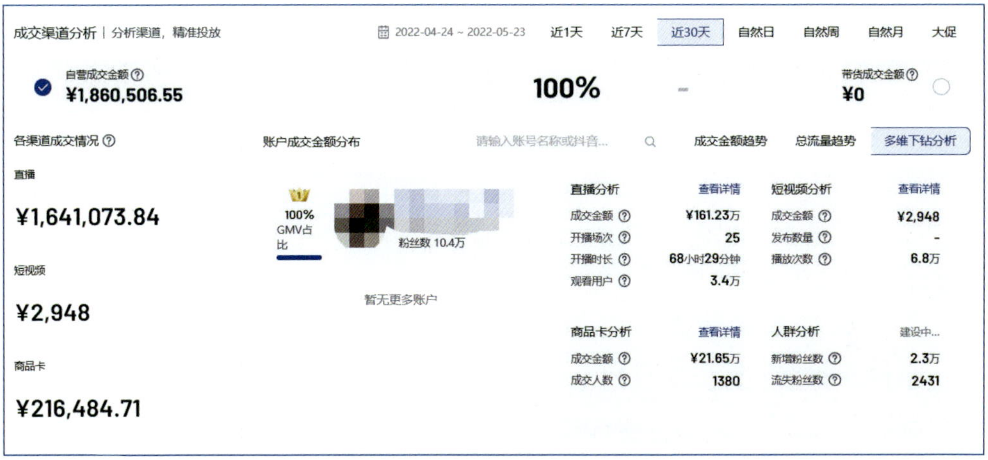

图7-6 成交渠道分析页面

直播间详情分析

直播间详情是每场直播后的各项指标数据情况，主要由整体看板和直播间数据分析两大模块构成。

1. 整体看板（图7-7）

整体看板包含流量、商品、互动、交易、售后五大维度。本书主要介绍流量维度和互动维度。首先是流量维度，包含了最高在线人数、平均在线人数等指标，这些指标都是影响直播间人气和内容吸引力的关键因素。其中，最高在线人数代表直播间人数峰值，平均在线人数代表直播间的成交转化能力。其次是互动维度，包含了新增粉丝数、评论次数、人均观看时长等指标。互动数据及新增粉丝数可以通过占比分析该场直播的人气和直播吸引力，人均观看时长代表用户在直播间停留的时间长短和对直播间的喜好程度。

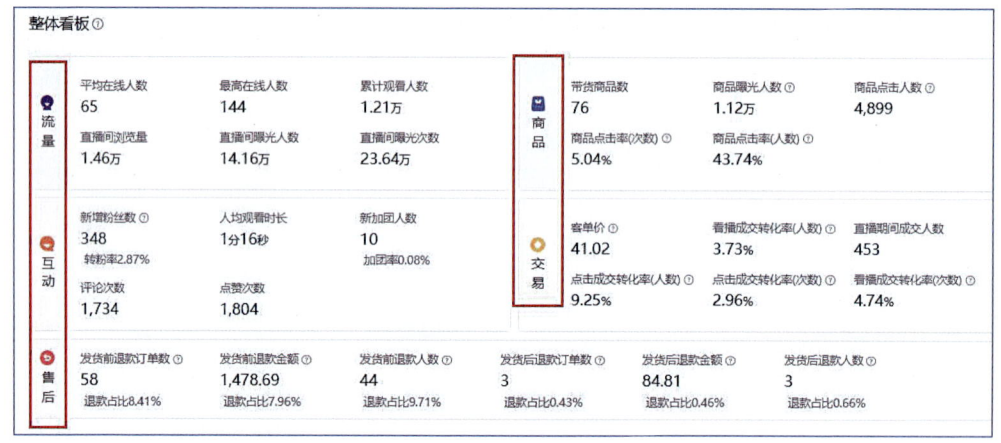

图7-7 整体看板页面

2. 直播间数据分析

直播间数据分析主要有四个重要维度：实时趋势、流量分析、商品分析、用户画像。

（1）实时趋势（图7-8）。

实时趋势数据分为用户行为数据和直播间后台数据，折线图以上是用户行为数据，折线图以下是直播间后台数据。在此复盘的重点是通过对比多组数据分析出直播间的

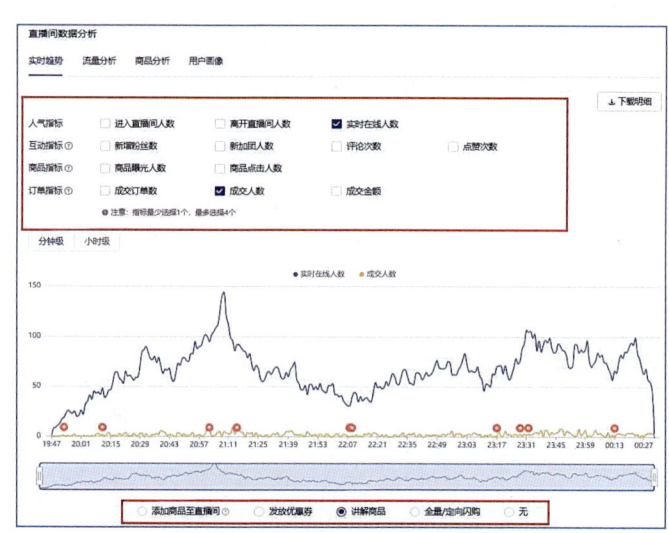

图7-8 实时趋势页面

哪个具体动作促使用户在直播间产生购买行为。

（2）流量分析（图7-9，图7-10）。

流量分析相比于单场数据分析中的观众来源而言，此处划分更为精细，需重点关注直播推荐流量有没有打开，这是直播间形成高人气的关键。同样地，需要对占比较高的流量来源做数据分析，做好每一场流量来源的统计。

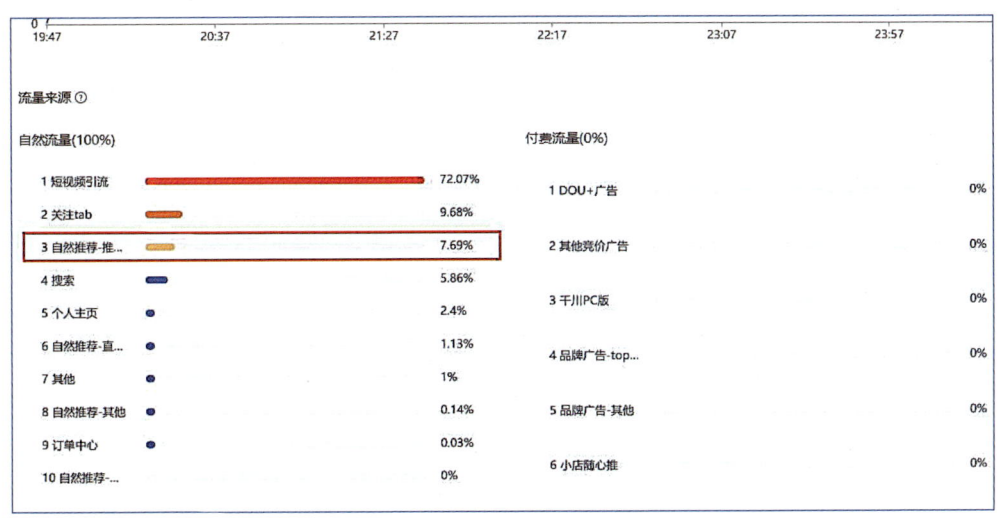

图7-9 流量来源页面

流量分析中的流量转化漏斗较为重要，反映了用户在直播间产生的行为动作。该漏斗有五层，从上往下分别为曝光-进入转化率、进入-曝光转化率、曝光-点击转化率、点击-生单转化率、生单-成交转化率。一般而言，曝光-进入转化率和进入-曝光转化率高于80%为合格，若低于80%则可能是选品问题；曝光-点击转化率高于12%为合格，若低于12%则可能是图片与产品不符问题；点击-生单转化率高于15%为合格，若低于15%则可能是价格过高或库存不足问题；生单-成交转化率高于80%为合格，若低于80%则可能是未设置收货地址、付款方式未开通、客户犹豫导致订单超时等问题。最后还有曝光-成交转化率，高于1%为合格，高于3%为优秀。

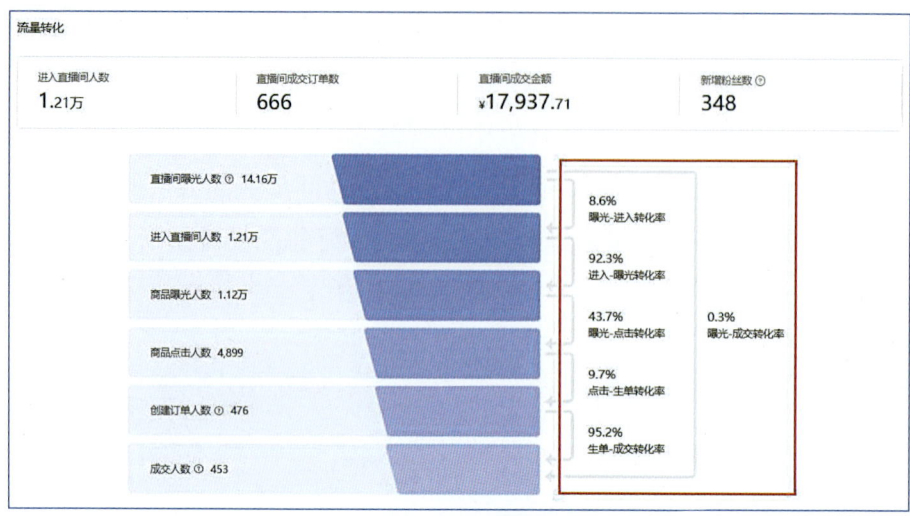

图7-10 流量转化页面

(3)商品分析(图7-11)。

商品分析共有三个指标：交易指标、商品指标、售后指标。通过对交易指标的复盘可以筛选出销量最高的产品，可以在下一场直播中增加库存或类

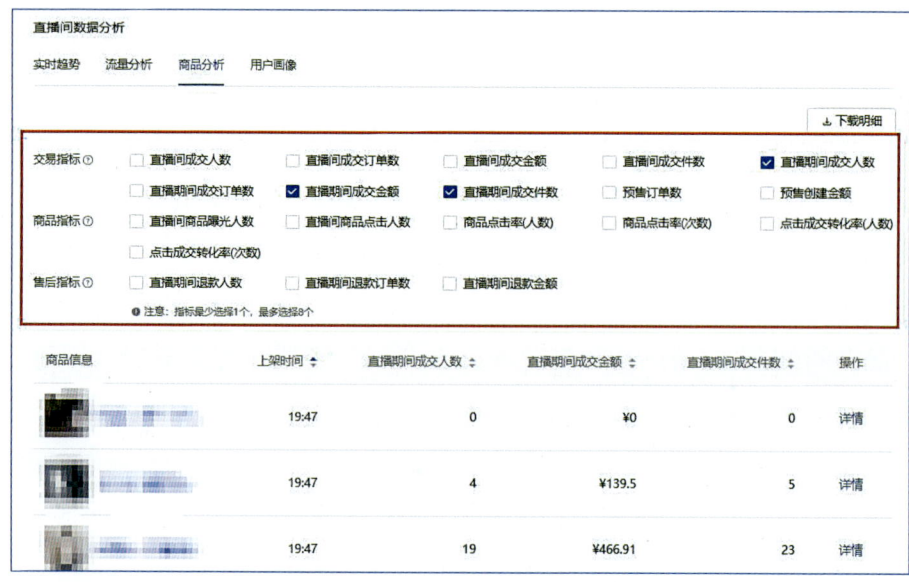

图7-11 商品分析页面

似款。通过对商品指标的复盘可以筛选出用户最喜欢的产品，可以在下一场直播中适当做福利款活动，以增加直播间人气。通过对售后指标的复盘可以筛选出退货率最高的产品，可以在下一场直播中移除该产品，以降低直播间退货率。

（4）用户画像（图7-12）。

用户画像指将用户的每个具体信息抽象成标签，再利用这些标签将用户形象具体化，从而为用户提供有针对性的服务，主要包含看播用户画像和成交用户画像。通过性别、年龄、区域、是否为粉丝四个维度对两组用户画像进行对比分析，为下一场的直播投放找到目标人群。

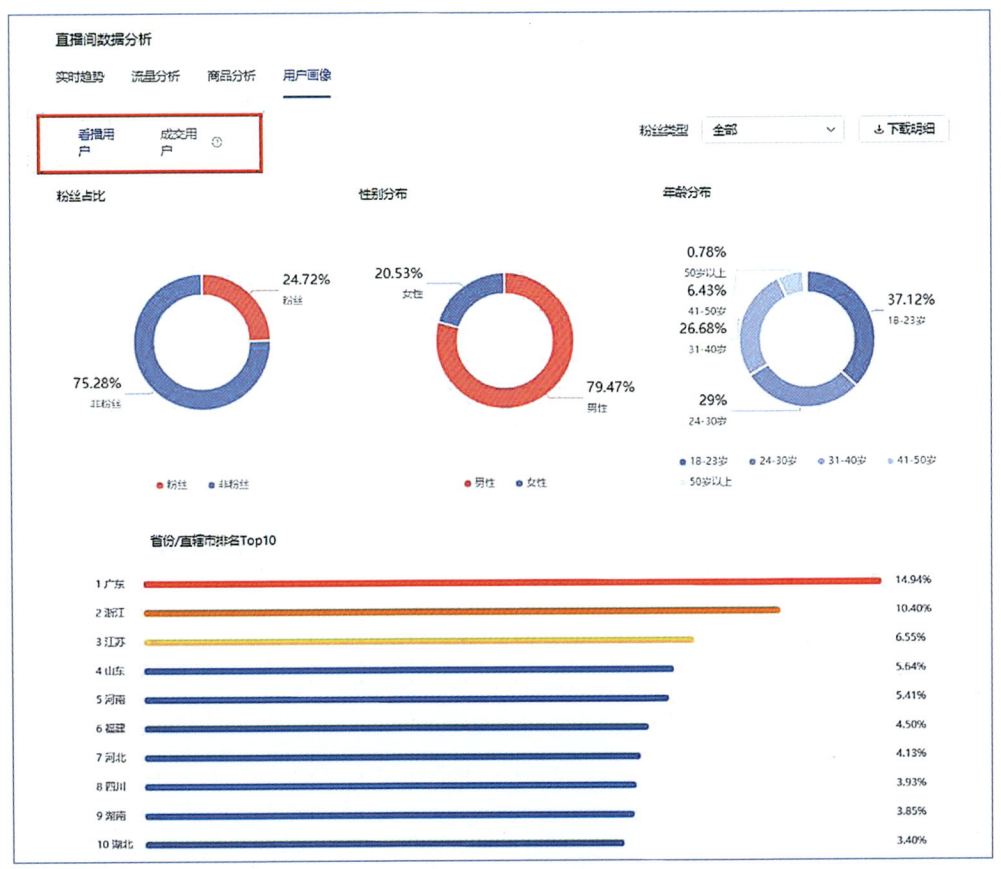

图7-12 用户画像页面

实践与操作

名词解释

1. 用户画像。
2. 直播复盘。

简答题

1. 哪些数据指标可以用来衡量直播销售力？
2. 如何利用抖音电商罗盘的复盘降低直播间的退货率？
3. 如何衡量并提升直播间转化新粉的能力？

参考文献

[1] 抖音电商学习中心. 抖音电商官方学习平台[EB/OL]. https：//school.jinritemai.com/doudian/web.

[2] 唐世华，肖静，文佳慧. 电商直播研究文献综述[J]. 河南财政税务高等专科学校学报，2020，34（4）：42-45.

[3] 勾俊伟，张向南，刘勇. 直播营销[M]. 北京：人民邮电出版社，2017.

[4] 麓山文化. 抖音短视频全攻略：录制＋特效＋直播＋运营[M]. 北京：人民邮电出版社，2019.

[5] 王冠，王翎子，罗蓓蓓. 网络视频拍摄与制作：短视频　商品视频　直播视频（视频指导版）[M]. 北京：人民邮电出版社，2020.

[6] 隗静秋，廖晓文，肖丽辉. 短视频与直播运营：策划　制作　营销　变现（视频指导版）[M]. 北京：人民邮电出版社，2020.

[7] 刘春青. 基于电子商务进农村项目背景开展农产品实景直播运营实践[J]. 全国流通经济，2020（31）：24-26.

[8] 江帆. 农民直播向"李子柒"学什么[N]. 浙江日报，2020-06-09（6）.

[9] 朱宣怡. "直播带货"形势下农村电商发展现状分析与展望[J]. 现代农业研究，2020，26（7）：20-21.

[10] 马锐. 短视频生产中乡村影像传播的本真性回归——基于李子柒、丁真走红的思考[J]. 视听，2021（3）：142-144.

[11] 刘平胜，石永东. 直播带货营销模式对消费者购买决策的影响机制[J]. 中国流通经济，2020，34（10）：38-47.

[12] 姚林青，虞海侠. 直播带货的繁荣与乱象[J]. 人民论坛，2020（25）：85-87.

[13] 郭红东,曲江.直播带货助农的可持续发展研究[J].人民论坛,2020 (20):74-76.

[14] 刘刚.用好直播平台助力脱贫攻坚的策略与路径[J].人民论坛,2020 (29):90-91.

[15] 吕梅.抖音直播平台的商业模式创新研究[J].传媒,2020(21):76-78.

[16] 刘婷.乡村振兴背景下农村电商直播助力产业发展模式研究[J].农村经济与科技,2020,31(16):259-260.

[17] 刘小娇.农产品直播:农村电商新模式[J].湖北农机化,2020(12):28-29.

[18] 赵越,吴国蓉,庞贻英.短视频平台直播助农营销的问题及对策研究[J].新媒体研究,2020,6(19):42-44.

[19] 林宝川."直播+短视频"农产品电商模式探究[J].电子商务,2020 (12):16-18.